ENFANCE ET FAMILLE
Contextes
et développement

PRESSES DE L'UNIVERSITÉ DU QUÉBEC
Le Delta I, 2875, boulevard Laurier, bureau 450
Sainte-Foy (Québec) G1V 2M2
Téléphone : (418) 657-4399 • Télécopieur : (418) 657-2096
Courriel : puq@puq.uquebec.ca • Internet : www.puq.ca

Distribution :

CANADA et autres pays
DISTRIBUTION DE LIVRES UNIVERS S.E.N.C.
845, rue Marie-Victorin, Saint-Nicolas (Québec) G7A 3S8
Téléphone : (418) 831-7474 / 1-800-859-7474 • Télécopieur : (418) 831-4021

FRANCE
DISTRIBUTION DU NOUVEAU MONDE
30, rue Gay-Lussac, 75005 Paris, France
Téléphone : 33 1 43 54 49 02
Télécopieur : 33 1 43 54 39 15

SUISSE
SERVIDIS SA
5, rue des Chaudronniers, CH-1211 Genève 3, Suisse
Téléphone : 022 960 95 25
Télécopieur : 022 776 35 27

ENFANCE ET FAMILLE
Contextes et développement

Sous la direction de
George M. Tarabulsy et Réjean Tessier

2005

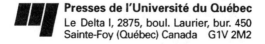

Presses de l'Université du Québec
Le Delta I, 2875, boul. Laurier, bur. 450
Sainte-Foy (Québec) Canada   G1V 2M2

Catalogage avant publication de Bibliothèque et Archives Canada

Vedette principale au titre :

Enfance et famille : contextes et développement

(Collection D'enfance ; n° 4)
Comprend des réf. bibliogr.

ISBN 2-7605-0912-5

1. Famille. 2. Famille inadaptée. 3. Enfants handicapés sociaux. 4. Enfants –
Développement. 5. Parents et enfants. 6. Famille, Services à la.
I. Tessier, Réjean, 1944-   . II. Tarabulsy, George M. (George Mikhail), 1964-   .
III. Collection.

HQ518.E53 1997   306.85   C97-940147-X

Les Presses de l'Université du Québec bénéficient, pour leur programme de publication,
du soutien du Programme de subventions globales du Conseil des arts du Canada
et du Programme d'aide au développement de l'industrie de l'édition du Patrimoine canadien.

Révision linguistique : GISLAINE BARRETTE

Mise en pages : CARACTÉRA PRODUCTION GRAPHIQUE INC.

Conception graphique de la couverture : CARON & GOSSELIN COMMUNICATION GRAPHIQUE

1 2 3 4 5 6 7 8 9 PUQ 2005 9 8 7 6 5 4 3 2 1

Dépôt légal – 1er trimestre 1997
Bibliothèque nationale du Québec / Bibliothèque nationale du Canada
Imprimé au Canada

TABLE DES MATIÈRES

Introduction

La situation sociale des enfants

Georges M. Tarabulsy, Ph.D.
Groupe de recherche sur le développement de l'enfant et de la famille
Département de psychologie, *Université du Québec à Trois-Rivières*

Réjean Tessier, Ph.D.
Groupe de recherche sur l'inadaptation psychosociale chez l'enfant
École de psychologie, *Université Laval*

La famille est le lieu de référence principal dans lequel les enfants puisent leurs ressources essentielles pour se développer. Pour un enfant, la famille est à l'origine de la première synchronie, qui provient de la façon d'être bercé, pris dans les bras, transporté et se manifeste aussi dans le sourire, les regards, dans les premiers échanges sociaux. Lorsque ces premiers échanges sont réussis, cela représente une condition favorable à leur développement, permettant l'exploration, le développement d'un sentiment de sécurité, l'impression d'être soutenu dans ses désirs et dans ses besoins, et d'appartenir, jusqu'à un certain point, à cette collectivité première qui procure la base de l'identité. La famille a tendance à évoluer de façon à ce que se développe cette solidarité forte, ressentie par chacun des membres, permettant de retrouver à l'intérieur de ce cercle une confirmation de sa propre valeur. Dans ces conditions, la famille est une protection, un abri, et le comportement de ses membres est prévisible; la réciprocité dans les relations est à la base de cette prévisibilité. Dans ces conditions, la famille, c'est la solidarité.

Cependant, comme dans la famille il se vit beaucoup d'intensité émotive, c'est aussi, parfois, un lieu de désenchantement. Il y a ainsi dans les familles des périodes de désengagement, des membres qui manifestent de la violence, qui laissent tomber leur engagement affectif, qui regardent ailleurs ou négligent les soins à donner. Il y a des brisures et des échecs et, comme l'énonce Urie Bronfenbrenner, « dans notre pensée, du moins dans la pensée nord-américaine, c'est une perte de temps de réparer ce qui est brisé. On le jette et on achète du neuf. On fait cela avec les objets mais aussi avec les personnes. » (Chap. 1, p. 21.)

Dans ces conditions adverses, les parents cherchent à s'adapter et, généralement, les enfants sont tributaires de leurs stratégies d'adaptation. On déménage, on se sépare, on se bagarre, on s'appauvrit et, plus les enfants sont jeunes, plus ils sont soumis à ces stratégies. Dans les familles où les conditions sont extrêmes, les jeunes en sortent pour aller se constituer des abris par eux-mêmes, ailleurs : sur le plan mondial, il existe des situations sociales qui font en sorte qu'à 10-12 ans plus de 30 % des enfants ont déjà quitté la famille. Dans des conditions plus favorables, surtout dans certains contextes occidentaux, les enfants peuvent vivre dans leur famille d'origine jusqu'à l'âge de 20 ans et plus. Que se passe-t-il lorsque la famille n'est plus capable d'assumer son rôle de centre de développement, lorsqu'il n'y a plus de connivence entre les parents et les enfants pour préserver la famille comme unité fondamentale de protection, de soutien et de chaleur? Lorsque trop de misères encouragent le « chacun pour soi » et que, plutôt que de favoriser le développement et la croissance, certaines dimensions du contexte familial deviennent des éléments néfastes pour l'enfant?

La situation sociale des enfants découle naturellement de la situation sociale des familles. À partir de quel moment pouvons-nous dire que cette dernière représente un risque pour leur développement? Dans les milieux physiques, comme les lacs ou les rivières, on observe le comportement et l'état de santé des organismes vivants pour détecter un niveau de pollution nocif, à partir duquel il faut intervenir si on ne veut pas mettre l'espèce et l'écologie en péril. Les organismes les plus fragiles sont les premières victimes et ce sont elles qui sonnent l'alarme. Tout le succès des mesures de prévention et d'intervention dépend de la sensibilité des mesures de vigilance et de l'intérêt accordé aux dysfonctions et aux anomalies signalées. À partir de cette analogie, on peut dire que les enfants sont, dans notre environnement social, les organismes les plus faibles, les plus vulnérables, parce que les plus jeunes et les plus dépendents des soins qui leur sont prodigués. Certains naissent et doivent survivre dans des conditions très défavorables et ces conditions sont souvent déjà connues à la naissance. Alors la question fondamentale en écologie de la famille est de décider quels indicateurs nous devons utiliser pour déclarer qu'une situation est grave et, partant de là, à quel moment il est nécessaire d'intervenir. Faut-il attendre que les plus exposés deviennent des « cas »? Faut-il ne s'intéresser qu'aux survivants, les plus forts ou les mieux protégés? Faut-il chercher à créer des conditions favorables pour tous? Et à qui appartient cette responsabilité? Certains choix sociaux ont un effet définitif sur la fragilisation des enfants et des familles.

Démontrer que les enfants sont les éléments les plus faibles du système ne peut être fait qu'à partir des indicateurs pris sur une large échelle, sur l'ensemble de l'échelle sociale. Les études épidémiologiques sont particulièrement utiles pour nous renseigner sur l'ampleur des situations fragilisantes. Ces études nous rapportent que les enfants sont les organismes les plus rapidement soumis aux abus, à la négligence, à l'abandon, à toutes sortes de mauvais traitements, à mesure que les conditions de vie dans les familles empirent (Bouchard et Tessier, 1996). On a ainsi observé à plusieurs reprises et de plusieurs façons que, par exemple, la pauvreté économique, la solitude des parents, les situations chroniques de chômage, les conflits entre les conjoints sont associés à des taux de violence envers les enfants ou à des risques de violence plus élevés (Enquête Santé Québec, 1996). Parmi ces indicateurs de la position sociale des enfants, un certain nombre révèlent des situations assez tragiques, silencieuses mais tragiques, et dans lesquelles les enfants ont du mal à se développer normalement, voire à survivre (Tessier, 1993).

On constate, par conséquent, que dans des situations de grandes difficultés, les enfants risquent d'être ceux qu'on oublie ultimement. Ce sont ceux qui reçoivent le dernier coup dans une chaîne allant du plus fort au plus faible. Par exemple, ces parents peuvent être extrêmement exigeants quant à la qualité des services que l'on doit offrir dans la garderie de leurs enfants. Mais si les garderies deviennent rares, si le travail est absolument obligatoire, le niveau d'exigence diminue. On voit que ces parents sont capables de se contenter de milieux de garde qui seraient inacceptables en temps normal sur le plan du manque de salubrité et de la pauvreté affective qui y règnent. Ce n'est là qu'un exemple où les parents, en dépit de leurs principes, placent leurs enfants dans des situations contraignantes pour obéir à certains impératifs. Finalement, c'est l'organisme le plus faible qui risque d'être le premier négligé ou victime d'abus.

Si les enfants sont les organismes fragiles susceptibles d'être victimisés, on pourrait utiliser leur situation sociale comme indicatrice du moment où il y a lieu d'intervenir. Pour prendre un exemple local, il y a au Québec une proportion importante d'enfants qui « décrochent » de l'école entre 12 et 16 ans; dans certaines régions, ce pourcentage dépasse 50 %, particulièrement chez les garçons. Quand on sait que le premier échec scolaire est un prédicteur relativement fiable d'échecs scolaires futurs et d'échecs d'intégration sociale par la suite, cet indicateur devrait enclencher des interventions correctives. Dans d'autres contextes, les comportements des enfants et des adolescents peuvent être plus extrêmes avec des conséquences plus lourdes sur le plan développemental : fugues, abus de drogues, prostitution, suicide. D'autres enfants sont victimes de violence et/ou de négligence. Cela indique que, dans certains milieux, la famille ne suffit pas à répondre aux besoins des enfants ou encore que l'organisation sociale ne suffit pas à les soutenir.

Les familles n'ont pas toutes un accès aux mêmes opportunités, loin s'en faut. Il y a de grandes inégalités par rapport à l'accès à la richesse, à l'éducation, à la qualité du logement, au soutien social, aux services de santé, etc., et l'utilisation de la notion de « moyenne » pour décrire un état de fait ne veut pas dire grand-chose. Tout au plus chaque contexte social se donne-t-il une interprétation des variations acceptables autour de la moyenne pour lui permettre de justifier ses propres inégalités. Toutefois, même si on arrive à se justifier à l'intérieur d'un contexte social donné, la question est de savoir si ce qui est justifié est justifiable... pour les enfants, bien sûr.

Cet ouvrage est constitué de cinq chapitres qui présentent des contextes de vie familiale issus de changements sociaux importants depuis les trente dernières années. Le premier chapitre de Urie Bronfenbrenner présente, dans une perspective interculturelle et à partir d'informations provenant des enquêtes de l'UNESCO, la question de l'évolution de la famille dans un monde en mutation. La première question traitée est de savoir comment la famille, telle qu'elle est définie dans les société post-modernes, est en train de changer. Plus particulièrement, comment est-elle en train de changer aux États-Unis en comparaison des modifications qu'elle subit dans d'autres société postmodernes ? Deuxièmement, comment ces changements peuvent-ils influencer le cours normal du développement humain, surtout pendant l'enfance ? Ces deux points sont abordés en révisant les données démographiques portant sur les mutations familiales des dernières années. Ces données confirment que les familles dans les pays à majorité anglophone, surtout les États-Unis mais aussi le Canada, expérimentent de plus hauts niveaux de troubles familiaux que les familles se situant dans des pays ayant un héritage culturel différent. Ensuite, afin de mieux comprendre les conséquences de tels changements, cinq aspects fondamentaux du développement des enfants sont décrits. Ces cinq points résument les résultats de travaux scientifiques dans les domaines du développement humain, de la psychologie et de l'éducation en ce qui concerne les éléments nécessaires au développement des enfants. Ils nous permettent de confronter la situation actuelle dans laquelle se trouve la famille avec un contexte de développement prescrit par les données empiriques. En dernier lieu, certaines stratégies politiques, éducationnelles et personnelles sont abordées afin de modifier la tendance actuelle que suit la famille dans notre société.

Le second chapitre de Cloutier, en collaboration avec Beaudry, Drapeau, Samson, Mireault, Simard et Vachon, présente une perspective théorique du cycle de vie familiale en introduisant la notion de rupture du cycle comme un métaniveau appartenant au cycle lui-même. Selon ces auteurs, le développement de la vie familiale comporte normalement une série de changements à travers lesquels cheminent obligatoirement toutes les familles. Ils appellent « transitions » familiales ce type de changements qui possèdent un caractère développemental parce qu'ils relèvent du cycle de vie prévisible de la famille. En marge de ces changements prévisibles, d'autres se démarquent des premiers du fait qu'ils ne surviennent que chez certaines familles. Les auteurs attribuent un caractère « événementiel » à ces transitions qu'ils nomment « réorganisations familiales » plutôt que « transitions familiales ». Ainsi, le départ d'un parent à la suite d'une rupture conjugale, le placement d'un adolescent en centre d'accueil, le retour d'un enfant après un changement de formule de garde provoqué par l'incapacité du parent-gardien de continuer à assumer son rôle, le retour d'un enfant adulte après une hospitalisation psychiatrique prolongée ou une détention pénale, la recomposition de la famille exigée par une nouvelle union parentale sont autant d'exemples de réorganisations familiales.

L'hypothèse principale de ce chapitre est qu'il est possible de concevoir l'adaptation à l'ensemble des changements familiaux comme la résultante du maintien de la continuité dans la vie des membres de la famille. À cet égard, les auteurs présentent quelques modèles théoriques visant à soutenir l'hypothèse et ils introduisent une organisation conceptuelle qui servira de base à la planification d'une intervention auprès des familles. C'est d'ailleurs l'une des contributions majeures de ce chapitre que de présenter trois programmes d'intervention auprès de familles séparées qui reposent sur l'application de ces principes.

Le chapitre de Pomerleau, Malcuit et Julien présente une étude des contextes de vie familiale durant la petite enfance. Cette recherche examine un ensemble de variables devant être considérées pour tenter de décrire, de comprendre et d'évaluer le contexte de développement de l'enfant au cours de la première année de vie chez une population de mères adultes et adolescentes de milieu socio-économique défavorisé. Ce contexte est comparé avec celui d'une population de mères adultes de milieu socio-économique moyen et moyen élevé. Les variables retenues comme éléments du contexte sont les variables distales ou globales, qui ont un impact indirect sur la vie quotidienne de l'enfant, et les variables proximales plus spécifiques, qui contribuent de façon directe à son expérience quotidienne, c'est-à-dire celles qui décrivent l'aménagement même de son contexte de vie. L'objet central d'étude est la dyade mère–enfant. L'étude longitudinale (de 1 à 10 mois) permet d'identifier, dans les variables distales et proximales, les éléments plus ou moins stables, ainsi que leur évolution au cours de ces mois où le répertoire comportemental de l'enfant devient plus diversifié.

Le chapitre de Séguin, St-Denis, Loiselle et Potvin traite de la santé mentale des mères enceintes en situation de pauvreté. Il vise, en particulier, à analyser chez un groupe de femmes enceintes défavorisées les inter-relations entre les stresseurs aigus et chroniques, le soutien social et la symp-tomatologie dépressive. C'est une entreprise difficile mais nécessaire de chercher à faire la part des choses entre ces diverses conditions de vie, sou-vent confondues, et la santé mentale. La condition de grossesse dans laquelle se situe l'étude est susceptible de faire apparaître des relations qui seraient restées imperceptibles dans un contexte moins chargé émotivement.

Il s'agit d'une étude empirique effectuée auprès de 98 femmes qui ont été rencontrées la première fois au début de leur troisième trimestre de grossesse. Elles ont complété un certain nombre de questionnaires rela-tifs aux paramètres étudiés. Les résultats principaux révèlent une préva-lence élevée de symptomatologie dépressive chez ces jeunes mères et l'interprétation est faite en fonction des modèles classiques du rôle des événements de vie stressants et du manque de soutien social. Les auteures analysent finement les principales conditions de vie « à risque » de ces jeunes femmes enceintes. En pratique, ces données sont révélatrices pour tous les intervenants qui travaillent en périnatalité et en obstétrique. Ces résultats soulignent en outre l'importance de reconnaître les diffi-cultés des femmes enceintes vivant dans des conditions de pauvreté et la grande détresse psychologique qui peut s'ensuivre même lorsqu'il s'agit de leur premier bébé. Cette étude met clairement en évidence leur besoin d'encouragement et d'approbation.

Le chapitre de Palacio-Quintin porte sur l'impact des conditions de vie familiale adverses et sur le développement cognitif des jeunes enfants. Une des contributions importantes de ce texte est de faire référence aux conditions de protection dont bénéficient également plusieurs de ces familles. Des résultats de la recherche indiquent que certaines familles, certaines mères, sont mieux préparées que d'autres pour faire face aux conditions de vie difficiles qu'elles traversent. De fait, leur enfant continue à offrir de très bonnes performances cognitives alors que ce n'est pas le cas pour la majorité des mères du groupe de comparaison. Les explications et les justifications de ces résultats empiriques permettent de pousser plus loin les travaux sur le rôle de la « résilience » sur l'adaptation des familles et sur le développement des enfants.

À la fin de chacun de ces chapitres, le lecteur est amené à réfléchir sur la question de l'intervention. Quoi faire ? Comment le faire ? Qu'est-ce qu'un bon contexte de développement ? Dans plusieurs chapitres, des amorces de solutions sont proposées et l'ensemble des travaux rapportent des corrélations entre des facteurs multiples. Il semble bien établi que les problèmes sont complexes dans leurs causes et qu'ils le sont aussi dans leurs solutions. Doit-on intervenir auprès des individus selon une approche clinique traditionnelle ? Devons-nous plutôt aborder les dynamiques familiales et relationnelles qui caractérisent les milieux défavorisés et qui souvent accompagnent les difficultés de développement des enfants ? Enfin, pouvons-nous concevoir qu'une intervention d'approche communautaire dans laquelle les éléments structuraux problématiques de différents groupes sont directement abordés puisse influencer le cours du développement des jeunes enfants (Chamberland, 1996) ? Les travaux présentés dans cet ouvrage permettent de conclure que les contextes de vie pour les enfants et leurs familles ne sont pas nécessairement des contextes favorables à leur développement. Les chercheurs semblent d'accord là-dessus. Pourtant le statut d'enfant et la notion de famille sont généralement valorisés par bon nombre de professionnels, de chercheurs et de parents qui travaillent à mettre l'enfant et la famille au centre des décisions politiques et des pratiques sociales. Devons-nous vivre avec le paradoxe de l'enfant-roi à qui l'on n'offre pas de royaume ?

L'évolution de la famille dans un monde en mutation[1]

Urie Bronfenbrenner, Professeur émérite
Cornell University, Ithaca, New York

---

1. Cet article reprend une bonne partie d'un article publié dans la revue *Apprentissage et Socialisation* (1992, 15(3)). Il est reproduit avec l'autorisation de la revue, à cause de son à-propos et de sa pertinence dans ce numéro de la collection.

Une intuition toute personnelle sur le développement des enfants et de la personne dans les pays anglo-saxons est à l'origine de cette présentation. Selon moi, dans ces pays, le schéma de développement de l'enfant présente des caractéristiques qui le distinguent de celui de l'enfant d'autres pays. À ma surprise, je constate que cette fois-ci, mon intuition était juste.

À l'aide de données obtenues de l'Organisation mondiale de la santé (OMS) et de la Communauté économique européenne (CEE), j'ai comparé les pays anglo-saxons avec les autres pays en utilisant une série de variables socio-démographiques reliées à la qualité du développement de l'enfant. Les figures qui suivent indiquent que, quelle que soit la variable examinée, la même tendance de fond se manifeste. Il est important de souligner que tous les pays choisis pour les fins de l'étude présentent les caractéristiques d'une société postmoderne. Les éléments suivants s'imposent à l'évidence. Premièrement, la fréquence des divorces (figure 1), le nombre de familles vivant sous le seuil de la pauvreté[2] (figure 2) et les taux de grossesse chez les adolescentes (figure 3) sont plus élevés dans les pays anglo-saxons. Les pays de l'Europe de l'Est (Bulgarie, Pologne, Roumanie, Yougoslavie) viennent ensuite et sont suivis des pays de l'Europe de l'Ouest comme la France, l'Allemagne fédérale[3], la Norvège, la Suède et la Suisse. Généralement, le Japon présente les niveaux les moins élevés pour toutes les variables examinées. Deuxièmement, dans le groupe des nations anglo-saxonnes, les États-Unis se classent à répétition au premier rang et sont suivis de l'Australie, de la Grande-Bretagne et du Canada. Troisièmement, la tendance qui se dégage de l'examen de ces trois variables se reproduit dans d'autres domaines.

J'ai choisi de présenter ces variables parce qu'elles reflètent bien la tendance actuelle. Mon intuition initiale résiste ici a l'analyse : les pays d'héritage anglo-saxon se distinguent de l'ensemble du monde postmoderne

---

2. Le Département de l'agriculture des États-Unis définit le seuil de la pauvreté comme étant la somme d'argent nécessaire pour assurer une alimentation convenable.
3. Les données pour l'Allemagne unifiée n'étaient pas encore disponibles.

FIGURE **1**
Le divorce dans cinq groupes de pays

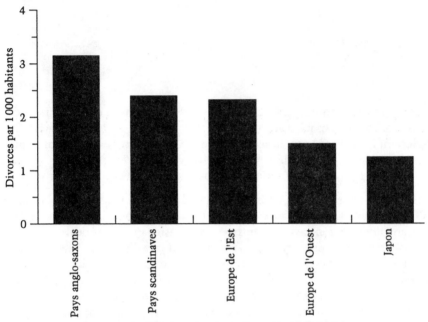

quand on les compare en utilisant les différents problèmes familiaux[4]. Un examen plus approfondi des données démontre que cette tendance ne date pas d'hier. La figure 5, sur l'évolution des taux de divorce, indique que la même tendance se manifeste depuis 1957. Si l'on fait exception de la Grande-Bretagne, les pays européens occupent la position médiane et le Japon ferme la marche.

Comment expliquer ces différences entre le Japon, l'Europe et les pays anglophones? Tout au long du dernier quart de siècle, les écoles américaines et les parents américains ont, avec les meilleures intentions du monde, littéralement entraîné les enfants de leur pays dans l'impasse de l'incompétence et de l'apathie. Comme le résultat des recherches le démontre, la cause principale du problème semble être la confiance en de fausses prémisses, elles-mêmes traduites en toutes sortes de pratiques

↳ proposition, fait, croyance

---

4. Il est intéressant de noter que dans plusieurs de ces figures, le Canada peut être identifié comme un pays de « transition ». À cause de sa majorité anglophone il peut être inclus dans le groupe des pays anglo-saxons. Cependant, les données laissent entrevoir qu'il possède aussi certaines caractéristiques européennes pour plusieurs des variables utilisées.

FIGURE 2

La pauvreté chez les enfants dans huit sociétés développées

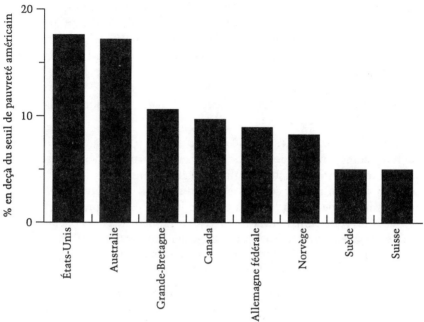

débilitantes. Une de ces croyances populaires est l'*a priori* selon lequel les différences de performance seraient en grande partie attribuables à des facteurs biologiques, ce qui est à l'opposé de la position japonaise. C'est un préjugé très répandu parmi les parents américains de croire que leurs enfants sont au-dessus de la moyenne. « Les enfants américains sont tout simplement supérieurs, voyons ! »

Cette vaine poursuite de glorification personnelle et le manque réel d'intérêt de plusieurs parents pour le développement de leurs enfants avant et après qu'ils aient fait leur entrée à l'école, sont un signe de leur incompétence et de leur refus de changer. Il faut donc réexaminer tous ces éléments de preuve afin de trouver une solution appropriée à ce problème. À la base d'un ensemble de recommandations pratiques, il nous semble urgent d'intervenir de façon stratégique pour redonner vie aux croyances et aux comportements qui ont permis à la société américaine de se distinguer tout au long de son histoire. Même si ces principes ont été mis en veilleuse au cours des dernières années, ils sont toujours valables et n'ont besoin que d'être appliqués à nouveau, de façon énergique, par des interventions directes sur la réalité. Cela demande avant tout une réaffirmation, surtout de la part des parents, de l'importance de la qualité de l'enseignement offert à leurs enfants, une conviction renouvelée que tout enfant est vraiment capable d'apprendre lorsqu'il reçoit un enseignement de qualité, un rétablissement, à la maison, à l'école, de même que sur le marché du travail, du principe qui dit que c'est en travaillant fort et en réalisant des objectifs personnels qu'on se mérite le respect des autres, et non pas le contraire, et par-dessus tout, le refus de toute prétention personnelle basée sur des différences qui ne font que rabaisser les autres et nous diviser.

Revenant au cas des États-Unis, la figure 6, sur la variable de la pauvreté, démontre que le nombre d'enfants vivant en deçà du seuil de pauvreté augmente de façon régulière au fil des ans alors que le nombre d'adultes dans la même condition diminue. Ceci me permet d'affirmer que les milieux de vie où les enfants grandissent se sont progressivement détériorés et vont continuer à le faire. Ces tendances ne sont pas faciles à renverser et pour cette raison il faut poser la question de fond : quelles sont les conséquences des tendances observées dans les pays anglo-saxons sur le développement des enfants et de la famille ?

Je tenterai de répondre à cette question complexe de trois façons. Je résumerai d'abord les principales conclusions scientifiques sur lesquelles se base l'étude du développement humain. Je préciserai ensuite ce que les conclusions des nouvelles recherches signifient pour l'étude du développement humain et de la famille contemporaine. Finalement, je discuterai de la question suivante qui concerne tous les pays : à la lumière des changements observés dans la vie des familles à travers le monde et à la lumière des connaissances acquises sur les conséquences de ces changements, quelles sont les implications pratiques sur le plan politique et les actions qui devraient être entreprises par les organisations internationales, nationales, publiques ou privées ?

Abordons d'abord le premier aspect du problème. Quels sont les processus et les conditions qui régissent et stimulent le développement de la personne, de la naissance jusqu'à un âge très avancé ? Je parle ici des besoins qui « semblent être » universels, qui prennent leur source dans la biologie fondamentale de l'espèce homo sapiens et qui transcendent les cultures, les nationalités et les classes sociales. J'utilise l'expression « semblent être », car les conclusions de la science sont par définition provisoires. Dans ce domaine précis, il conviendrait que les conclusions des recherches soient validées par l'expérience humaine. C'est pourquoi je m'en tiendrai aux résultats les plus systématiques étayés par les observations de professionnels et de paraprofessionnels travaillant dans ce

domaine ainsi que par les familles elles-mêmes. Les faits les plus clairement établis seront presentés à l'aide de cinq propositions. Chacune d'elles
sera suivie d'une explication complémentaire et d'un ou de plusieurs
exemples[5].

PREMIÈRE PROPOSITION

Pour assurer leur développement intellectuel, émotif, social et
moral, les enfants ont tous besoin de la même chose. Ils doivent
participer régulièrement, et pendant une longue période de leur
enfance, à une activité d'échange réciproque qui deviendra progressivement de plus en plus complexe. Cette activité doit se
tenir avec une ou plusieurs personnes jouant un rôle important
dans le bien-être et le développement de l'enfant, de préférence
tout au long de sa vie, et avec qui l'enfant développera un fort
attachement affectif, réciproque et irrationnel.

Cette proposition, même si elle a le mérite d'être assez concise, est
en même temps plutôt complexe. Il convient donc d'étudier ses éléments
clés l'un après l'autre. À première vue, on pourrait être tenté de discréditer
la référence que je fais à un attachement affectif et irrationnel ou même
de la supprimer, dans la mesure où elle n'est ni pertinente, ni scientifique.
Je la considère cependant indispensable et je me propose d'en défendre la
nécessité afin qu'elle soit retenue sur le plan scientifique.

Que signifie exactement une activité d'échange réciproque qui
devient progressivement plus complexe ? Utilisons une analogie ; le phénomène est identique à ce qui se passe entre deux joueurs lors d'une partie
de ping-pong. À mesure que les joueurs apprennent à se connaître, chacun
s'adapte au style de l'autre. Petit à petit, le jeu s'accélère et de chaque côté
les coups deviennent plus compliqués, car chaque joueur défie son adversaire.
Au poker, le terme « relance » est d'usage courant. Et dans ce jeu de poker,
qui fait la mise la plus importante, l'enfant ou l'adulte ? Qui ? Les deux ?
Non ! Selon les résultats des recherches, c'est l'enfant qui, durant les
quatre premières années de sa vie, fait monter les enchères. Pour ainsi
dire, c'est lui qui apprend quelque chose à ses parents ou à la personne
responsable de ses soins.

---

5. Ces propositions se fondent sur une revue des résultats de recherches publiées ou résumées
dans différentes publications scientifiques.

FIGURE 3
Grossesses chez les adolescentes dans différentes sociétés

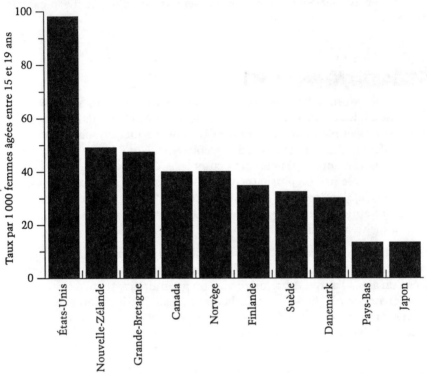

La majorité des adultes, hommes et femmes, démontrent qu'avec leurs enfants, ils apprennent très vite leurs leçons. Cependant, ils doivent désirer apprendre, prêter attention aux enseignements de l'enfant et fréquenter cette école quotidiennement. Dans nos sociétés, il est de plus en plus difficile de respecter une telle assiduité et de maintenir le degré élevé d'engagement que demande cet apprentissage. Chacun possède naturellement les aptitudes nécessaires pour établir ce processus d'apprentissage, mais cela ne signifie pas pour autant qu'il soit simple. Des études microphotographiques démontrent que l'interaction entre les parents et leurs enfants devient de plus en plus complexe au cours de l'évolution du processus, et ce, de façon remarquable.

Deux facteurs sont à l'origine de cette complexite croissante : le jeu devient non seulement plus compliqué, mais de nouveaux jeux sont ajoutés à l'échange par les deux parties. Ce phénomène se manifeste clairement

FIGURE 4

Le divorce dans les pays anglophones

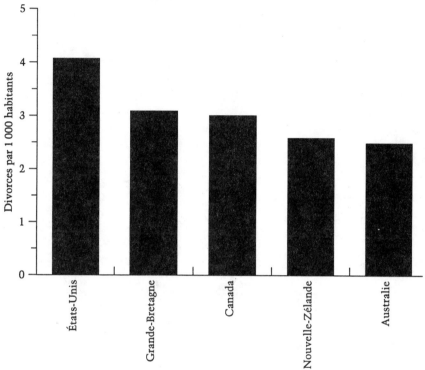

au cours de l'enfance où il existe un enchaînement progressif des réactions et des initiatives du jeune enfant à l'égard des autres. Une réaction rapide d'un adulte significatif aux initiatives du jeune enfant est essentielle pour que naisse et grandisse cette capacité d'évolution. L'adulte doit introduire de nouveaux objets et faire vivre à l'enfant des expériences qui favoriseront l'activité et qui seront adaptées à son degré de développement. Lorsque l'adulte n'est pas disponible et ne crée pas ces occasions d'activité, le développement psychologique global est retardé et il le sera davantage si l'enfant subit un traumatisme biologique, économique ou social.

Il existe donc un processus d'éducation mutuelle entre l'enfant et l'adulte. De par sa nature même, cette éducation est informelle et inconsciente ; ce point est capital. Le jeune enfant n'essaie pas d'apprendre au responsable de ses soins à réagir d'une manière particulière ; il ou elle puise dans un répertoire grandissant d'initiatives auxquelles l'adulte, dans

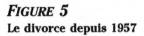

FIGURE 5
Le divorce depuis 1957

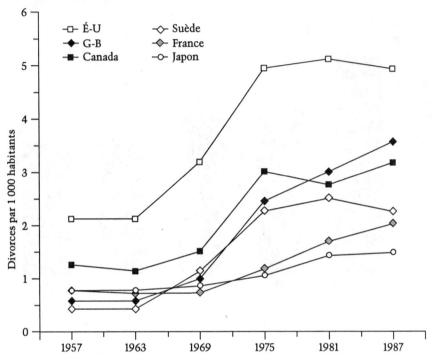

le meilleur des cas, désirera et sera prêt à réagir afin de réussir à attirer et à retenir l'attention de l'enfant.

Il importe à ce moment d'insister sur le fait que cette personne, avec laquelle l'enfant s'engagera dans un échange, ne peut être n'importe qui. Le dernier élément de la proposition établit qu'il doit s'agir d'une personne envers qui l'enfant développe un attachement affectif très fort, réciproque et irrationnel. De plus, cette personne doit jouer un rôle dans le bien-être et le développement de l'enfant tout au long de sa vie.

Mais que signifie exactement un attachement affectif et irrationnel? Il existe une réponse simple : que quelqu'un soit fou de cet enfant et que ce dernier le soit aussi de la personne. Que veut dire « fou » ? Cela signifie que l'adulte considère cet enfant spécifique comme une personne unique, spécialement merveilleuse et précieuse, même si objectivement, il sait bien que ce n'est pas le cas. C'est l'amour qui engendre cette illusion, illusion qui a ses racines dans la biologie. L'adulte est également quelqu'un

FIGURE 6

La pauvreté chez les enfants et les adultes aux États-Unis depuis 1970

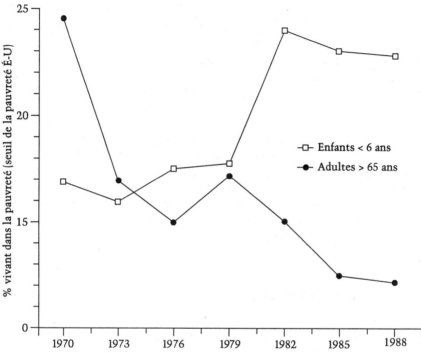

de spécial pour l'enfant. Il est celui vers qui l'enfant ira pour se soulager de ses problèmes ou exprimer ses joies et quelqu'un dont la proximité est essentielle à sa vie et à son bien-être.

L'amour ne provient pas de l'appareil génétique. L'amour exige un effort, celui de prendre soin des autres et d'être en relation avec d'autres êtres humains. Cela veut dire choisir de s'engager et de faire ce qui est nécessaire. Et tout en faisant cela, voici que vous « tombez en amour »; vous tombez en amour avec cet enfant, ou tel ami, votre conjoint ou votre conjointe. Cela vous donne alors l'énergie et la sensibilité suffisante pour vous mettre en état de réceptivité. L'espèce humaine a le pouvoir de façonner son propre environnement, pour le meilleur et pour le pire. L'homme a donc la possibilité de provoquer la destruction d'un environnement dans lequel des personnes étaient tombées en amour, avec pour résultat la séparation de personnes unies par le mariage, de parents et de leurs enfants. Bien sûr, dans la pensée américaine, c'est une perte de temps de réparer ce qui est brisé ; on le jette et on achète du neuf. On fait cela avec les objets mais aussi avec les personnes.

En quoi cette relation affective mutuelle joue-t-elle un rôle dans le processus d'interaction entre l'enfant et l'adulte ? Les résultats de recherche démontrent que ce type d'interaction exige de la part des deux personnes un niveau élevé de motivation, d'attention, de sensibilité et de persévérance et que ces qualités naîtront et se maintiendront plus facilement dans une relation caractérisée par un attachement affectif mutuel très fort. Une fois cet attachement établi, il durera habituellement longtemps et augmentera les chances qu'un schéma continu d'interaction s'installe et devienne de plus en plus complexe tout au long de la vie de l'enfant. C'est l'une des raisons qui permet l'établissement de liens d'attachement mutuels pour longtemps ; ces liens d'attachement étant favorisés par des schémas d'interaction réguliers qui stimulent à leur tour l'intensité du lien affectif. On peut ainsi dire que le développement de la personne s'inscrit dans le contexte d'une partie de ping-pong psychologique qui se joue entre deux personnes folles l'une de l'autre.

DEUXIÈME PROPOSITION

L'élaboration de schémas d'interaction interpersonnelle, dans des conditions de fort attachement mutuel, stimule la réaction positive du jeune enfant aux autres caractéristiques de l'environnement immédiat, physique et social. Au moment venu, cette réaction devient une symbolique qui incite à l'exploration, à la manipulation, à l'élaboration et à l'imagination. À leur tour, ces dernières activités accélèrent le développement psychologique de l'enfant.

Le développement humain n'est pas uniquement le fait des interactions interpersonnelles. L'être humain est une espèce unique qui a la capacité d'explorer, de manipuler, de réorganiser et de créer l'environnement qui le crée à son tour. Les objets sont donc aussi importants que les gens, bien que nous accédions aux objets par l'entremise de personnes.

Il faut donc offrir aux jeunes enfants un environnement qui correspond à leurs besoins de développement. Mais ces objets et ces environnements ne se limitent pas aux produits de la technologie moderne. Il est aussi possible de les trouver dans les cultures traditionnelles et transitoires des sociétés préindustrielles. Pensons ici aux objets que l'on trouve dans la nature, aux animaux, aux cailloux, aux grottes, aux objets à tailler, aux objets produisant des sons rythmés et mélodieux, comme des casseroles, des cuillères, etc.

Pourtant, même lorsqu'ils disposent d'une grande variété d'objets, certains enfants ne réagissent pas. L'une des conditions essentielles pour éveiller cette réaction est d'adapter le matériel offert aux possibilités de l'enfant. Nous avons vu que l'intérêt du jeune enfant envers l'environnement physique et symbolique passe obligatoirement par l'intermédiaire de schémas préalables et continus d'interaction interpersonnelle dans le contexte d'une relation affective forte et durable avec un ou plusieurs adultes, incluant presque systématiquement les parents de l'enfant. Ces expériences répétées génèrent une puissante force de libération et fournissent l'énergie nécessaire à l'exploration de l'environnement physique et du monde social.

En résumé, l'éducation informelle qui intervient au sein de la famille n'est pas seulement un prélude agréable; elle constitue une condition préalable essentielle pour assurer le succès de l'éducation formelle offerte dès les premières années d'études.

TROISIÈME PROPOSITION

L'élaboration et le maintien des schémas d'interaction progressivement plus complexes et des liens affectifs entre le responsable des soins et l'enfant dépendent, dans une large mesure, de la disponibilité et de l'engagement d'un autre adulte, une tierce personne qui assiste, encourage, stimule, fournit un statut et exprime son admiration et son affection à la personne qui s'occupe de l'enfant et avec qui il mène des activités communes.

Si ce tiers est du sexe opposé à la personne qui s'occupe de l'enfant, cela constitue un atout sans pour autant être une condition indispensable. Par exemple: un père est d'autant plus efficace pour s'occuper de son enfant s'il reçoit du soutien, de l'attention et une validation de ses capacités de la part de sa partenaire. L'inverse est aussi vrai. Mais bien souvent il y a du désordre dans la famille et ce processus d'encouragement mutuel ne peut se mettre en marche. Parmi ces désordres, certains dépendent des changements dans la structure de la famille, et d'autres, plus importants encore, proviennent de la structure économique de la société ou encore des illogismes de la vie quotidienne.

Un des phénomènes qui caractérisent l'évolution de la famille contemporaine est le nombre croissant de familles monoparentales dans les pays développés et dans les pays en voie de développement. Dans la grande majorité de ces foyers, le père est absent et la mère assume l'entière responsabilité de l'éducation de l'enfant. Dans les pays socialistes et dans les pays en voie de développement, de nombreuses recherches ont été menées sur les processus et les résultats du développement de la personne dans ce type de foyers que l'on retrouve dans de nombreux groupes culturels et sociaux. En général, deux conclusions complémentaires émergent : premièrement, les enfants élevés dans des familles monoparentales courent plus de risques de connaître des problèmes de comportement et d'apprentissage ; deuxièmement, des études plus poussées ont identifié un facteur commun qui prédispose à ces problèmes de comportement, à savoir, une détérioration, dès la plus tendre enfance, de la qualité de l'interaction et des relations entre parents et enfants.

Il est bien évident, cependant, que toutes les familles monoparentales ne souffrent pas de ces relations perturbées et n'entraînent pas de conséquences néfastes sur le développement des enfants. Parmi ces cas, il a été possible d'identifier un facteur d'immunisation : les enfants de familles monoparentales dirigées par la mère présentent moins de problèmes de développement lorsque la mère bénéficie du soutien actif d'autres adultes vivant à la maison ou de parents vivant à proximité, d'amis, de voisins, de membres de confréries religieuses, etc. On a également noté que l'agent le plus influent de ce soutien extérieur semble être le père de l'enfant. L'élément le plus important de ce soutien n'est pas, même si cela reste important, l'attention accordée à l'enfant, mais l'aide fournie à la mère elle-même : la soutenir en période de crise, faire les courses, partager les responsabilités en matière de discipline.

La pauvreté est une autre source de problèmes familiaux. Elle constitue le contexte le plus destructeur. Dans la mesure où nombre de familles monoparentales sont également pauvres, celles-ci et leurs enfants sont doublement menacés. Cependant, les recherches menées dans les pays développés et dans les pays en voie de développement ont prouvé que les familles vivant dans des conditions économiques et sociales difficiles, même si elles bénéficient de la présence du père et de la mère, ont plus de difficultés à élaborer et à maintenir des processus d'interaction parent-enfant et des activités visant le développement de l'environnement de l'enfant. Ces parents, pour obtenir des résultats équivalents à ceux des familles vivant dans des conditions plus favorables, doivent fournir beaucoup plus d'efforts et faire preuve de plus de ténacité. Les effets de la pauvreté sont semblables aux effets qu'engendre l'absence d'une troisième personne dans la famille monoparentale, les risques sont toutefois beaucoup plus élevés, les effets sont plus prononcés et ils se prolongent tout au long de la vie adulte.

Mais les pauvres ne sont pas les seuls à voir leur développement personnel menacé. Dans le monde d'aujourd'hui, les enfants issus de familles instruites et aisées ne sont plus à l'abri. Au cours des vingt dernières années, d'autres contextes à risque se sont développés, ignorant les classes sociales et les cultures. Des études récentes ont démontré que l'instabilité, l'illogisme et le désordre croissant de la vie quotidienne sont parmi les facteurs les plus perturbateurs dans la vie des familles et de leurs enfants. On observe cette tendance croissante dans les pays développés et dans les pays en voie de développement. Même si les causes sont différentes d'un pays à l'autre, les conséquences néfastes sur les processus d'éducation de l'enfant et les résultats obtenus sont fort similaires.

Voici quelques exemples relevés dans les pays postindustrialisés, que j'ai déjà mentionnés à l'occasion d'un séminaire de l'UNESCO. Dans un monde où la norme veut que les deux parents travaillent, souvent assez loin de leur domicile, chaque membre de la famille, du lever au coucher, doit courir. La nécessité de combiner les aspects contradictoires du travail et de l'éducation des enfants produit souvent des contrariétes majeures qui changent à chaque jour et engendrent une situation où chacun doit, plusieurs fois par jour, se rendre dans des endroits différents. Un confrère étranger a commenté cette situation de la manière suivante. Il disait : « Il me semble que dans votre pays, la majorité des enfants sont élevés dans des véhicules à moteur. »

D'autres facteurs contribuent également à perturber la vie quotidienne de la famille, comme, par exemple, le long trajet quotidien du domicile au travail, les emplois qui obligent l'un ou l'autre des parents à s'absenter pendant de longues périodes, les changements d'emplois fréquents, les déplacements en bloc de la famille tout entière ou le déracinement d'une partie de celle-ci, qui laisse derrière le reste de la famille jusqu'à la fin de l'année scolaire ou jusqu'à ce qu'un logement convenable soit trouvé, et enfin, et ce n'est pas là le moins important, le nombre croissant de divorces, de remariages et de nouveaux divorces. À ce propos, selon les résultats de recherches menées récemment, les remariages causent chez les enfants des perturbations plus profondes que les divorces.

QUATRIÈME PROPOSITION

Des processus satisfaisants d'éducation des enfants dans la famille et en dehors de la famille exigent les conditions suivantes: la mise en place de réseaux continus d'échange d'information, une communication bidirectionnelle, des aménagements et une cohérence entre les principaux environnements dans lesquels vivent les enfants et leurs parents. Dans les sociétés contemporaines, ces milieux sont le foyer, les programmes de soins aux enfants, l'école et le lieu de travail des parents.

De façon pratique, quels sont les aménagements possibles entre le monde du travail et le monde de la famille ? Il est évident que les politiques et les mesures spécifiques varieront d'une société à l'autre. En voici néanmoins quelques exemples[6] :

— des horaires de travail flexibles ;

— la possibilité, pour les femmes et les hommes de travailler à temps partiel sans pour autant perdre les avantages acquis et être pénalisés dans les possibilités d'avancement ;

— la mise en place, dans chaque milieu de travail, d'un bureau des ressources familiales qui 1) jouerait un rôle de médiateur dans le cas de problèmes famille-travail ; 2) tiendrait à jour une liste des publications non techniques et de ressources matérielles sur le développement de l'enfant et la condition de parent ; 3) ferait connaître les services sociaux disponibles au sein de la communauté ; 4) jouerait un rôle de « leader » et de personne-ressource afin d'introduire dans les lieux de travail des politiques et des pratiques rentables qui permettraient de réduire le stress inutile résultant des exigences contradictoires entre le travail et la vie de famille.

CINQUIÈME PROPOSITION

Des processus satisfaisants d'éducation des enfants dans la famille et en dehors de celle-ci nécessitent des politiques et des pratiques gouvernementales dont l'objectif sera de fournir les éléments suivants : le lieu, le temps, la stabilité, le statut, la reconnaissance, les systèmes de croyance, les coutumes et les actions en faveur des activités d'éducation de l'enfant. Ces éléments seront offerts non seulement par les parents responsables des soins, les enseignants et les autres professionnels, mais également par les membres de la famille, les amis, les voisins, les collègues de travail, les communautés et les principales

---

6. Le texte qui suit et une partie des arguments développés précédemment font partie d'un avis donné au Comité économique conjoint du Congrès et du Sénat des États-Unis en 1989.

institutions économiques, sociales et politiques de la société tout entière.

Ces cinq propositions résument les conclusions qui se dégagent des principales recherches scientifiques. Elles font état, dans l'ensemble, des principes et des processus prioritaires applicables à des niveaux successifs : à l'enfant dans la famille et au sein d'autres structures de soins, jusqu'à des contextes plus larges de la communauté et de la société. Mais quelles sont les conséquences sur le plan de l'action ? Par où commencer ? À mon sens, la première mesure à prendre est l'éducation ou, en termes plus diplomatiques, la diffusion de l'information, qui permettra de faire connaître ce que les recherches menées jusqu'à présent et l'expérience nous ont appris. Il faudrait non seulement faire connaître la nature, la portée et les conséquences impressionnantes des forces qui menacent actuellement le bien-être et le développement de l'enfant à travers le monde, mais également, et c'est plus important, l'existence et la mise en place effective, dans plusieurs endroits du monde, de contre-stratégies couronnées de succès et pouvant être mises en place sur une grande échelle, à des coûts relativement plus faibles.

Cet effort d'information doit atteindre en premier lieu les personnes qui détiennent des postes de responsabilité, à la fois au plan national et dans le secteur privé. Dans la mesure du possible, cette information devrait être initialement diffusée, non pas au moyen de rapports, mais au cours de réunions restreintes rassemblant les décideurs publics, les hauts-fonctionnaires et les chefs d'entreprises. Il serait souhaitable que ces réunions restreintes soient suivies d'un effort particulier de diffusion qui utiliserait l'ensemble des moyens de communication existants afin d'atteindre toutes les couches de la population.

Chapitre 2

Changements familiaux et continuité : une approche théorique de l'adaptation aux transformations familiales

RICHARD CLOUTIER, MADELEINE BEAUDRY, SYLVIE DRAPEAU,
CHRISTINE SAMSON, GILLES MIREAULT, MARIE SIMARD et JACQUES VACHON
Groupe de recherche sur les réorganisations familiales
Centre de recherche sur les services communautaires
Université Laval

Cet article a été préparé alors que le groupe Jeunes et familles en transition bénéficiait d'une subvention du Conseil québécois de la recherche sociale.

L'APPROCHE DANS SES GRANDES LIGNES

Le texte qui suit a un caractère exploratoire, en ce sens qu'il présente l'esquisse d'une approche théorique des changements qui surviennent dans la famille. L'approche concerne l'adaptation aux changements survenant dans la famille et non pas l'adaptation familiale en général.

La notion de changement familial renvoie ici à deux catégories principales : 1) les transitions familiales entre les étapes du cycle normal de la vie familiale (par exemple, la naissance d'un premier enfant, l'entrée à l'école secondaire d'une adolescente, le départ de la maison de l'aîné, etc.) ; et 2) les réorganisations familiales provoquées par un événement qui ne fait pas partie de ce cycle typique de la vie familiale (séparation parentale, placement d'un enfant en famille d'accueil, émigration, etc.). La première catégorie de changements est de type « développemental », tandis que la deuxième est de type « événementiel ». L'approche prétend s'appliquer aux deux types de changements.

La notion de « changement familial » concerne donc les diverses « transitions » qu'amène le cycle typique de la vie d'une famille et aussi les « réorganisations » faisant suite aux événements non prévus dans ce cycle et qui entraînent souvent le départ ou l'arrivée d'un membre ou d'un nouveau membre (séparation parentale, placement d'un enfant, institutionnalisation psychiatrique, réinsertion après placement, hospitalisation, détention pénale, etc.). Nous proposons que l'adaptation d'un membre (parent ou enfant) aux transitions ou aux réorganisations de sa famille est fonction du degré de continuité que présente pour ce membre le changement familial.

Nous posons comme hypothèse de base que l'adaptation des membres au changement survenant dans leur famille est facilitée par la continuité ou rendue plus difficile par la discontinuité. Par continuité, nous entendons le maintien d'invariants ou de référents qui permettent aux acteurs familiaux de conserver subjectivement un sens à leur vie à travers le changement, de maintenir un lien de signification entre ce qu'ils vivaient avant le changement, ce qu'ils vivent pendant le changement et ce qu'ils vivront par la suite. Le changement se produira en continuité dans la mesure où l'acteur familial, enfant ou parent, pourra en intégrer le sens dans son parcours individuel, pourra l'inscrire dans son projet de vie personnel en conservant son identité propre. Au contraire, le changement revêtira un caractère de discontinuité s'il est étranger au projet personnel de l'acteur, s'il n'est pas sensible à ses attentes, à son identité, à ses besoins, à son contrôle.

L'approche est orientée suivant deux axes: l'évaluation de l'impact du changement et l'intervention de soutien auprès des membres de la famille en réorganisation. Les acteurs familiaux, enfants et parents, sont au centre du modèle, mais d'autres intervenants du milieu peuvent aussi être pris en compte (intervenants professionnels, parenté, aidants naturels, etc.). Il ne s'agit donc pas d'un modèle explicatif des changements eux-mêmes, mais plutôt d'un modèle axé sur l'adaptation au changement comme tel. Si, par exemple, le changement familial est provoqué par la séparation des parents, il ne s'agit pas d'expliquer les causes de cet événement ou son bien-fondé au regard du mieux-être futur de la famille, mais plutôt de relever des éléments favorables à l'adaptation des membres de la famille à la réorganisation qu'impose la rupture conjugale. Si, pour prendre un autre exemple, une famille vit une situation d'abus physique d'un enfant et qu'une prise en charge de ce dernier lui apporte un répit salutaire par rapport à sa situation intolérable, l'hypothèse de continuité subjective qui fonde le présent modèle ne propose pas qu'il faille maintenir l'enfant dans son milieu familial abusif, mais plutôt que, peu importe l'intervention, il faut protéger les références personnelles de l'enfant pour lui permettre de comprendre le sens du changement et de l'intégrer dans son projet personnel de vie. En ne le coupant pas de ses références subjectives, de son monde, l'intervention ne le disqualifie pas en tant qu'agent de sa propre adaptation.

Notre hypothèse de continuité n'entre donc pas en contradiction avec le changement, elle propose plutôt de le gérer de façon à protéger les forces de ceux qui ont à le vivre.

De ce modèle théorique découle une proposition méthodologique permettant de situer tout changement familial sur un axe défini par les deux pôles « continuité » et « discontinuité ». Six paramètres sont retenus comme indicateurs du degré de continuité ou de discontinuité du changement pour chaque membre de la famille:

1. l'importance de la rupture (profondeur et durée) des liens entre les membres et des rôles familiaux provoquée par le changement;

2. le degré d'antagonisme, c'est-à-dire l'ampleur des conflits entre les membres dans le contexte du changement;

3. le stigmate social dont est porteur le changement et qui peut affecter négativement, et parfois de façon durable, les rapports qu'entretiennent les membres de la famille entre eux et avec leur communauté;

4. le degré de prévisibilité du changement pour les membres;

5. le degré de maintien de la satisfaction des besoins personnels (matériels, affectifs, sociaux) des membres pendant et après le changement; et

6. le degré de contrôle décisionnel que le membre concerné de la famille conserve sur les événements qui définissent le changement familial.

CHANGEMENTS FAMILIAUX : TRANSITIONS ET RÉORGANISATIONS

La famille est définie comme une cellule sociale comportant au moins une relation parent–enfant. En tant que premier contexte de développement, la famille assume un rôle prépondérant dans le processus de socialisation des enfants et dans le développement personnel tout au long de la vie. Ses membres entretiennent entre eux des liens et assument des rôles qui se développent et se transforment autour des axes biologique, psychologique et social, au fur et à mesure de l'évolution dans le cycle de la vie. Dans le sens où ils sont compris ici, les liens et les rôles renvoient à ce que Bronfenbrenner (chapitre 1, 1996) appelle les « processus proximaux » de l'écologie humaine : « Le développement prend place à travers des processus d'interaction réciproque progressivement plus complexe entre un organisme humain actif et les personnes, objets et symboles dans son environnement. Pour être efficace, l'interaction doit se produire de façon régulière et sur de longues périodes de temps. De telles formes d'interaction durables dans l'environnement immédiat sont donc identifiées comme des processus proximaux ».

Cette évolution normale de la famille crée un cycle typique composé de divers stades souvent identifiés en fonction des rôles parentaux assumés auprès des enfants. Dans le tableau 1, nous proposons une description sommaire des stades typiques du cycle de la vie familiale. Cette échelle de développement est imparfaite, car elle ne tient compte que des rôles parentaux et n'intègre pas les rôles réciproques que les enfants peuvent jouer auprès de leurs parents (notamment lorsque ces derniers sont âgés). Toutefois, elle permet de saisir le caractère essentiellement changeant des rôles mutuels dans la vie d'une famille nucléaire. Le tableau 2, tiré de McGoldrick et Carter (1982), présente une échelle en six stades du cycle

TABLEAU 1

**Les stades du cycle de vie d'une famille nucléaire
définis en fonction des rôles parentaux auprès des enfants***

Stade 1 : La famille en devenir
Couple uni depuis moins de cinq ans, sans enfants. Il ne s'agit pas encore d'une
famille, puisque la cellule ne compte pas encore d'enfant, mais il y a mise en place
graduelle de l'espace familial et adaptation mutuelle du couple.

Stade 2 : La famille avec un ou des enfants d'âge préscolaire
À ce stade, la famille est centrée sur les besoins de l'enfant et, pour ce dernier, les
parents occupent la plus grande partie de la place relationnelle. Éventuellement, la
famille s'adjoindra la collaboration de services réguliers de garde de l'enfant, milieux
qui offriront à celui-ci de nouveaux partenaires d'interaction et de nouveaux
modèles d'adultes. L'apprentissage de la propreté, le développement du langage,
l'autonomie sensorimotrice, l'adaptation sociale de l'enfant en groupe font partie des
objectifs poursuivis par cette famille au regard de l'enfant.

Stade 3 : La famille avec un ou des enfants à l'école élémentaire
L'âge de l'aîné de cette famille varie entre 6 et 12 ans. L'objectif de la réussite
scolaire s'inscrit dans la famille, de même que celui du maintien de l'adaptation
socio-affective du jeune à l'école et avec ses amis.

Stade 4 : La famille qui compte un adolescent
La transition adolescente de l'enfant provoque une redéfinition des territoires
mutuels dans la famille et la confrontation de nouveaux besoins jusque-là inconnus
des parents (besoin accru de latitude au regard de la liberté d'exploration géogra-
phique, sociale ou sexuelle, nouvelles exigences financières associées à de nouvelles
formes de consommation, participation décisionnelle plus grande, etc.).

Stade 5 : Le départ progressif des enfants
Les enfants commencent à quitter la maison pour s'établir dans leur propre logis
avec leur occupation indépendante ; le rôle de supervision des parents évolue vers
un rôle de coopération avec leurs enfants en vue de la réussite de l'établissement
autonome de ces derniers.

Stade 6 : Les parents d'âge mûr sans enfant
Les parents sont encore actifs socialement mais sont davantage préoccupés par leurs
besoins de couple et, éventuellement, par le maintien d'une bonne santé. Leur rôle
auprès de leurs enfants consiste à leur fournir une aide occasionnelle, qui se combine souvent avec leur rôle de grands-parents, qui gagne en importance.

Stade 7 : La retraite
Il s'agit de la période couramment appelée « l'âge d'or », où les parents ne sont plus
actifs dans des fonctions sociales formelles mais maintiennent des activités de leur
choix et des relations avec leurs enfants et petits-enfants, qui grandissent déjà. Les
rapports de coopération avec les enfants évolueront éventuellement vers des rapports de dépendance en raison de la perte progressive d'autonomie des parents.

Source : Cloutier, R. et Renaud, A. (1990). *Psychologie de l'enfant.* Gaëtan Morin Éditeur,
page 615.
* Élaboré à partir de :
- Cloutier, R. (1986). « Le cycle de la relation parent-enfant », dans G. De Grâce et P. Joshi
  (dir.) *Les crises de la vie adulte*, Montréal, Décarie ;
- Duvall, E. (1957). *Family Development*, Philadelphie, Lippincott ;
- Olson, D. H. *et al.* (1983). *Families : What Makes Them Work*, Beverly Hills (Calif.), Sage.

TABLEAU 2

Les stades du cycle de vie familiale selon McGoldrick et Carter (1982)

Stade familial	Processus émotionnel impliqué dans la transition : principes de base	Changements requis dans le statut familial pour que le développement se réalise
1. Entre les familles : le jeune adulte vivant par lui-même	Accepter la séparation parent-enfant.	a) Différencier le soi et la famille d'origine. b) Développer des relations intimes avec des pairs. c) S'intégrer dans le monde du travail.
2. La réunion de familles par conjugalité : le couple nouvellement uni	S'engager dans un nouveau système familial.	a) Formation du système conjugal. b) Réaligner les relations avec les familles élargies et les amis en vue de l'intégration du conjoint ou de la conjointe.
3. La famille avec de jeunes enfants	Accepter la nouvelle génération de membres dans le système familial.	a) Adapter le système conjugal pour faire de la place aux enfants. b) Assumer les rôles parentaux. c) Modifier les relations avec la famille élargie afin d'intégrer les rôles parentaux et grands-parentaux.
4. La famille avec des adolescents	Accroître la flexibilité des frontières familiales pour permettre l'accession du jeune à son indépendance.	a) Transformation de la relation parent-enfant en vue de permettre aux adolescents d'entrer et de sortir du système familial. b) Repositionner son projet conjugal et de carrière sur les réalités du mitan de la vie. c) Considérer les questions relatives au vieillissement des grands-parents.
5. Le départ des enfants et l'ouverture sur l'après	Accepter les multiples changements dans le membership du système familial : les entrées et les sorties.	a) Repositionner le système conjugal en tant que dyade. b) Développement de relations d'adulte à adulte entre parents et enfants devenus adultes. c) Recadrer les relations pour intégrer les conjoints et conjointes des enfants et les petits-enfants. d) Envisager la perte d'autonomie et la mort des grands-parents.
6. La famille au troisième âge	Accepter les changements générationnels dans les rôles.	a) Se maintenir fonctionnel individuellement et en couple dans le contexte du déclin physiologique ; explorer de nouveaux rôles familiaux et sociaux. b) Accepter que la génération suivante joue le rôle principal dans la famille et la soutenir dans cela. c) Faire de la place dans le système pour les personnes âgées et les appuyer dans leur autonomie. d) Envisager la mort des proches (fratrie, amis, etc.) et se préparer à sa propre mort. Bilan de la vie.

de vie familiale. Les auteurs y reprennent la plupart des stades du tableau 1 en y ajoutant les enjeux émotionnels de la réussite des transitions ainsi que les changements requis de la part des parents et des enfants pour relever les défis développementaux posés par la transition. Il est intéressant de noter certaines tâches développementales que doivent assumer les enfants (tableau 2, 3e colonne) à partir du stade 4 et qui se rapportent aux rôles des jeunes à l'égard des aînés : en 4c, on note un début de considération de la génération plus vieille ; en 5d, les enfants doivent s'adapter aux limites qui peuvent apparaître chez leurs parents ou lors de leur décès ; en 6c, les enfants doivent soutenir la génération antérieure sans encourager la dépendance. Évidemment, cette dynamique des rapports entre les parents et les enfants a aussi son corollaire entre les conjoints dont les relations sont appelées à se transformer avec le temps.

LES TRANSITIONS FAMILIALES

Le cycle de la vie familiale comporte donc une série de changements normaux à travers lesquels cheminent obligatoirement toutes les familles. Nous appelons « transitions » familiales ce type de changements qui possèdent un caractère développemental parce que relevant du cycle de vie de la famille. Au-delà de ces changements de rôles auxquels parents et enfants sont soumis par le temps, le cycle de la vie familiale repose sur une continuité dans les liens d'attachement mutuel : le rôle de parent de jeune bébé est certainement différent de celui de parent d'adolescent ou de parent d'adulte, mais la réussite à chacun de ces niveaux relationnels repose sur une sensibilité mutuelle de base, maintenue par la redéfinition des rapports à chaque stade du cycle. Normalement, le lien parent–enfant se maintient tout au long du cycle de la vie, au fil des changements dans les rôles réciproques.

Nous posons que la qualité de l'adaptation de la famille aux transitions de son cycle de vie est fonction du degré de continuité qui caractérisera son évolution d'un stade à un autre, alors que des crises marqueront son progrès dans la mesure où la discontinuité caractérisera les passages. Ainsi, chaque transition familiale peut être située à un point quelconque de l'axe défini par les pôles « continuité » et « discontinuité » : la transition sera facile à vivre pour les membres de la famille, si elle est marquée de continuité, et difficile à vivre, si elle est marquée de discontinuité.

LES RÉORGANISATIONS FAMILIALES

En marge de ces changements prévisibles dans toute histoire familiale, d'autres peuvent survenir qui se démarquent des premiers du fait qu'ils ne s'inscrivent pas dans le cycle typique de la vie d'une famille puisqu'ils ne surviennent que chez certaines familles. Il s'agit des changements qui ont un caractère événementiel et que nous distinguons ici des transitions familiales décrites plus haut en les appelant « réorganisations familiales ».

La notion de « réorganisation » implique, dans plusieurs cas mais pas toujours, le départ ou la venue d'un membre ou d'un nouveau membre dans la famille, changement qui ne s'inscrit pas dans les stades typiques du cycle de vie de la famille tels qu'énoncés aux tableaux 1 ou 2. Ainsi, le départ d'un parent à la suite d'une rupture conjugale, le placement d'un adolescent en centre d'accueil, le retour d'un enfant à la suite d'un changement de formule de garde provoqué par l'incapacité du parent-gardien de continuer à assumer son rôle, le retour d'un enfant adulte après une hospitalisation psychiatrique prolongée ou une détention pénale, la recomposition de la famille faisant suite à une nouvelle union parentale sont autant d'exemples de réorganisations familiales. Il s'agit de changements non inscrits dans le cycle typique de l'évolution familiale mais dont la prévalence peut être socialement significative, comme c'est le cas des séparations conjugales, par exemple.

Par rapport à la transition familiale, la réorganisation telle que nous l'avons définie ici comporte une probabilité plus élevée de discontinuité parce qu'elle ne fait pas partie du modèle type de l'évolution de la famille dans le temps : certaines familles vivront des réorganisations et d'autres pas, mais toutes vivront des transitions. Pour les parents, il est « normal » que leur fils ou leur fille s'en aille du domicile familial pour voler de ses propres ailes une fois atteint l'âge adulte ; c'est une étape à laquelle on peut normalement s'attendre. Le modèle social habituel de l'évolution familiale prévoit cette transition.

Toutefois, le départ du père après la séparation des parents ne fait pas partie du scénario familial typique. Il en est de même pour le placement d'un adolescent en centre d'accueil. Certes, les membres de la famille peuvent « voir venir » la séparation parentale ou le placement du jeune, mais pas toujours avec la même certitude. Bref, même si une transition peut comporter de l'imprévu et qu'une réorganisation peut être prévisible, de façon générale, la transition fait partie du plan de développement familial et la réorganisation n'en fait pas partie. Il est possible qu'une transition soit porteuse de discontinuité et qu'une réorganisation s'effectue dans la continuité, mais c'est le scénario inverse qui se réalise plus souvent.

Cette distinction étant faite, nous estimons qu'il est possible de concevoir l'adaptation à l'ensemble des changements familiaux comme la résultante du maintien de la continuité dans la vie des membres de la famille.

CONTINUITÉ ET ADAPTATION AU CHANGEMENT

L'humain se développe non pas en reproduisant constamment les mêmes actions mais en les transformant progressivement au fil des expériences, en intégrant le nouveau à l'acquis. Élément essentiel du développement humain, le changement n'est porteur de bénéfices que dans la mesure où il est intégré dans le projet de construction personnelle, c'est-à-dire dans la mesure où l'individu peut maintenir son identité tout en se transformant.

Le développement ne va pas sans changement, mais il ne va pas non plus sans continuité, sans lien entre l'avant et l'après, sans le maintien d'un invariant qui préserve l'identité de l'organisme dans un contexte donné de changement. Plusieurs domaines d'intérêt adhèrent à ce principe voulant que l'adaptation au changement requiert le maintien d'une forme de continuité pour l'organisme ; nous en mentionnons quelques-uns à titre d'exemples.

Jean Piaget a proposé que le développement de l'intelligence donne lieu à une construction progressive de structures qui se transforment en intégrant de nouveaux éléments aux acquis antérieurs, eux-mêmes conservés mais appelés à se restructurer. Pour Piaget, le développement ne se traduit pas simplement par l'ajout d'une quantité donnée de nouveaux éléments à ce qui existait déjà auparavant, mais aussi d'une modification qualitative de l'organisation de ces acquis antérieurs au contact des nouveaux. Dans cette optique, la capacité d'adaptation se fonde sur le pouvoir de rétablir un équilibre entre ce qui a été acquis antérieurement et ce qui est nouveau (Noelting *et al.*, 1982 ; Piaget, 1947 ; 1975 ; Piaget *et al.*, 1963).

Dans le domaine de l'apprentissage scolaire, la nécessité d'adapter les contenus à enseigner aux acquis antérieurs des étudiants constitue une condition de réussite. Même si le matériel à apprendre est structuré de façon exemplaire et qu'il est présenté dans un contexte de grande qualité, il ne pourra être intégré si la personne en situation d'apprentissage ne peut en saisir le sens à partir de son bagage antérieur de connaissances (Bloom, 1956 ; Glaser, 1978 ; Guilford, 1977 ; Piaget, 1974).

Dans le domaine des soins de santé et du soutien communautaire, on a souvent observé que la participation active du patient au programme de traitement était très difficile à susciter lorsque les comportements attendus de sa part ne trouvaient pas leur signification dans sa culture personnelle. Au contraire, on a observé que la promotion de saines habitudes de vie était beaucoup plus efficace lorsqu'elle pouvait s'appuyer sur des valeurs qui avaient un sens pour les populations cibles (Conseil des affaires sociales, 1989). Dans le domaine de la thérapie familiale, on reconnaît que le changement est indissociable de la discontinuité, mais que sa réussite requiert le maintien d'une enveloppe de stabilité qui conserve un sens à la famille en tant que cellule : « L'innovation consiste en la juxtaposition d'éléments, parfois disparates mais toujours préexistants, pour former des réalités nouvelles. La "nouvelle solution" comprend et reflète les dimensions qui l'ont précédée. » (Gottlieb, 1986, p. 264.)

Dans le domaine des relations familiales, un grand nombre d'études, que nous ne recenserons pas ici, ont associé la cohérence environnementale avec l'attachement, l'adaptation, la coopération avec les pairs, etc. L'expérience de l'enfant dans sa famille influence ses schèmes d'adaptation future, de sorte qu'un environnement familial cohérent est associé à un fonctionnement ultérieur marqué par la stabilité, l'adaptation familiale et sociale, alors que c'est l'association inverse dans un environnement familial stressé et incohérent (Belsky, Fish et Russel, 1991 ; Belsky, Steinberg et Draper, 1991 ; Bouchard, 1981 ; Bronfenbrenner, 1977 ; 1979 ; 1996 ; Cloutier, 1985 ; Hinde et Stevenson-Hinde, 1990 ; Olson *et al.*, 1983).

McGoldrick (1982), dans le domaine de l'intervention auprès des familles émigrantes, apporte un éclairage intéressant sur le lien qui existe entre les transitions associées au cycle typique des réorganisations familiales et la réorganisation que provoque l'émigration comme telle :

> Tout dans la vie est un mouvement de va-et-vient. Les familles qui deviennent symptomatiques se sont fixées à une étape donnée de leur développement. Au fond, la thérapie vise à replacer la famille en mouvement. Lorsque le stress ethnique ou l'émigration interagit avec les transitions du cycle de la vie, les stress inhérents à tous les changements s'agglomèrent. L'ethnicité interagit avec le cycle de vie familiale à chaque stade. L'émigration est tellement dérangeante en elle-même (Hinkle, 1974), que nous pourrions dire qu'elle ajoute un stade supplémentaire entier au cycle des familles qui doivent la vivre. L'adaptation à une nouvelle culture ne correspond en rien à un événement unique ; il s'agit d'un processus prolongé d'adaptation, processus qui affectera chaque membre de la famille de façon différente selon l'étape du cycle de vie où il se trouve au moment de la transition. (P. 17, traduction libre.)

L'adaptation personnelle au changement présuppose donc que le déséquilibre relatif qu'il porte ne menace pas l'identité subjective de la personne, ne dépasse pas sa capacité d'équilibration. Le changement qui coupe la personne de ce qu'elle est, qui la déracine par rapport à son identité, qui lui enlève ses références fonctionnelles provoque un arrêt dans le développement parce qu'il la neutralise, la disqualifie au regard de ses tâches. Autrement dit, le changement qui impose plus que la personne ne peut en prendre, qui dépasse sa capacité d'assimilation du nouveau provoque un blocage dans son parcours personnel.

Théoriquement, la quantité de changements n'est pas reliée au degré de continuité, c'est-à-dire qu'il est possible de vivre plusieurs changements dans la continuité comme il est possible d'en vivre peu dans la discontinuité. Cependant, il faut noter que certains auteurs (Olson *et al.*, 1983) ont posé l'hypothèse de l'existence d'un rapport optimal entre la quantité de changement qu'une famille peut vivre et son équilibre fonctionnel, c'est-à-dire qu'entre la cohésion totale et le chaos, il existe une zone d'équilibre médiane plus favorable au fonctionnement familial.

La figure 1 illustre une grecque sur laquelle se superpose une sinusoïde. La première ligne (la grecque) représente une évolution discontinue, marquée par les changements brusques de direction. La sinusoïde, au contraire, se caractérise par des changements progressifs de direction. Les deux courbes possèdent une amplitude équivalente et sont donc porteuses d'une même quantité de changement. C'est qualitativement que les deux lignes se distinguent l'une de l'autre, selon le degré de continuité des réorientations qu'elles comportent.

FIGURE 1

Schème de continuité sur schème de discontinuité

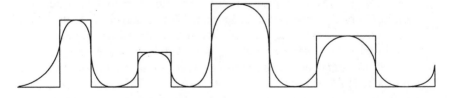

LES INDICATEURS DE CONTINUITÉ OU DE DISCONTINUITÉ

Dans le contexte d'un changement familial, nous retenons six paramètres pouvant servir d'indicateurs de la continuité ou de la discontinuité vécue par un membre de la famille. Les trois premiers sont formulés en termes de discontinuité, alors que les trois derniers relèvent plutôt de la notion de continuité.

1. *La profondeur et la durée de la rupture dans les liens et les rôles* familiaux que provoque le changement. Les liens et les rôles dans la famille constituent l'essence de la cohésion familiale. L'attachement et la sensibilité qu'entretiennent les membres les uns envers les autres se manifestent dans leurs rapports mutuels. Le changement familial peut couper un lien, empêcher l'actualisation d'un rôle. Comparativement à la situation qui prévalait avant le changement, la profondeur de cette coupure et sa durée temporelle ressortent alors comme des indicateurs importants de la discontinuité pour l'enfant ou pour le parent. Plus la coupure sera profonde et durable, plus les membres s'éloigneront les uns des autres.

2. *Le degré d'antagonisme*, ou l'intensité des conflits entre les membres de la famille au moment de la transition. Certains changements familiaux sont porteurs d'une dose considérable de stress pour les membres, dose pouvant s'amplifier si l'antagonisme entre les membres de la famille vient s'ajouter pour rendre l'issue du changement encore moins prévisible. La divergence de perspectives entre les membres peut être transcendée par la poursuite de buts communs dans le changement. Mais cette divergence peut aussi donner lieu à des affrontements pouvant laisser des séquelles durables et gaspiller les ressources matérielles et humaines disponibles. Par conséquent, le degré de conflits entretenus peut servir d'indicateur de discontinuité.

3. *Le stigmate social associé au changement*. Certains changements créent des situations où les acteurs familiaux deviennent l'objet d'un jugement social négatif. Dans certains milieux, par exemple, l'enfant d'une famille séparée ou recomposée peut être victime de certains préjugés au regard de ses habiletés sociales ou scolaires. Il arrive qu'une hospitalisation psychiatrique ou une détention pénale d'un membre d'une famille amène l'entourage social à avoir des préjugés défavorables durables à l'égard des autres membres. De la même façon, les parents dont l'enfant a été placé pourront avoir à vivre longtemps avec l'étiquette de leur « échec » parental. Le stigmate social associé au changement familial

peut avoir un impact négatif important et parfois durable sur le parcours des différents membres de la famille.

4. *Le degré de prévisibilité des changements* dans les rapports entre les membres. Lorsque les membres de la famille peuvent prévoir le changement, celui-ci peut être vécu plus harmonieusement. Par exemple, pour les parents, la possibilité de prévoir à l'avance le départ de la maison de leur fille devenue majeure facilitera la continuité au-delà des changements relationnels en jeu, tandis que le départ soudain de la même fille, sans préavis, pourra donner un caractère discontinu à cette transition, pourtant normale, par ailleurs.

5. *Le degré de satisfaction des besoins personnels des membres.* Les enfants comme les parents ont des besoins matériels, affectifs et sociaux. Dans quelle mesure le changement dans une famille (transition ou réorganisation) provoque-t-il une baisse dans les ressources matérielles, affectives ou sociales dont peuvent disposer ses membres ? Dans quelle mesure le changement laisse-t-il des besoins insatisfaits ? Dans quelle mesure le changement vient-il mettre un terme à une insatisfaction prévalente des besoins personnels du membre considéré ? C'est à ces questions que renvoie ce paramètre servant à évaluer le degré de discontinuité auquel sont exposés les membres de la famille en changement.

6. *Le degré de contrôle* décisionnel maintenu par les membres sur les événements qui définissent la transition. Il s'agit du sentiment d'efficacité et du pouvoir décisionnel effectif que conservent les différents acteurs familiaux sur les leviers de leur destinée dans le contexte du changement. Le membre a-t-il le sentiment de pouvoir influencer la tournure des événements ou, au contraire, se sent-il inefficace et contrôlé de l'extérieur par ce qui arrive dans sa famille ? Quel est le poids de l'opinion du membre (enfant ou parent) sur les décisions qui le concernent dans le changement en cours ? Dans la perspective de chaque membre, la réponse à ces questions est un indicateur important de continuité au regard du plan de développement individuel.

Ces paramètres ne sont pas considérés comme mutuellement exclusifs puisque leur champ respectif présente certains recoupements. Aussi, dans notre approche, ils ne sont pas présentés comme inscrits sur un seul et même plan au regard de la réalité psychosociale de la famille en changement. Par exemple, le degré de conflit et le degré de prévisibilité se trouvent sur des plans fort différents, même s'ils ne sont pas sans rapport l'un avec l'autre. Bref, par rapport à l'axe « continuité-discontinuité », ces paramètres abordent la réalité du changement familial sous des angles différents, tout en y apportant un éclairage complémentaire.

La continuité : la clé de l'adaptation aux changements familiaux

Nous posons que la continuité dans les liens et dans les rôles représente la clé du succès de l'adaptation de la famille aux défis que lui pose son parcours de développement. Selon cette hypothèse, la réussite des transitions et des réorganisations familiales repose sur :

1. la possibilité de conserver le lien parent–enfant, c'est-à-dire de faire en sorte que le changement ne détruise pas la relation parent–enfant et qu'il y ait maintien d'une continuité dans les rôles (*le maintien des liens et des rôles*) ;

2. le maintien d'un niveau satisfaisant de *qualité relationnelle* entre les membres en contrôlant les antagonismes (*conflits*) ;

3. la dédramatisation du nouveau statut des membres, notamment par le partage avec des gens ayant vécu une expérience semblable, afin d'éviter de stigmatiser socialement le changement ;

4. la possibilité, pour chaque membre de la famille, de prévoir le changement (*prévisibilité*) ;

5. la possibilité de conserver un équilibre permettant la satisfaction des besoins matériels et socio-affectifs des membres (*le maintien d'un degré acceptable de satisfaction des besoins individuels*) ;

6. la possibilité, pour les acteurs familiaux, de conserver un sentiment de contrôle sur leur situation de vie et de garder un pouvoir décisionnel réel, plutôt que de devenir dépendants d'événements sur lesquels ils n'ont aucune prise (*le contrôle maintenu par les acteurs*).

Méthodologie d'évaluation de l'impact d'un changement familial

À partir de l'hypothèse de la continuité que nous venons de formuler, nous privilégions une approche méthodologique qui reprend les six composantes associées à l'axe continuité-discontinuité et procède à l'évaluation de l'impact des changements familiaux au moyen des instruments validés disponibles. Il s'agit alors de trouver réponse aux questions suivantes :

1. *La rupture* :
   Quelle est l'importance et la durée de la rupture des liens que le changement provoquera entre les membres ? Dans quelle mesure les acteurs pourront-ils continuer d'assumer leurs rôles mutuels ?

2. *L'antagonisme*

Dans quelle mesure les conflits influencent-ils les rapports entre les membres ? Jusqu'à quel point la dynamique du changement est-elle conditionnée par les antagonismes interpersonnels dans la famille ?

3. *Le stigmate social*

Le membre concerné a-t-il l'impression que le changement familial affecte négativement son image sociale ? Le changement affecte-t-il la confiance ou l'autonomie sociale du membre ? Y a-t-il des données indiquant que les acteurs du changement font l'objet de ségrégation, de préjugés défavorables de la part de leur communauté ?

4. *La prévisibilité*

Dans quelle mesure les membres de la famille ont-ils prévu ou prévoient-ils le changement dans toute sa réalité ? (Chaque membre doit être pris en compte, ici, puisque ce paramètre peut varier considérablement selon les individus.)

5. *La satisfaction des besoins*

Dans quelle mesure le changement permettra-t-il de maintenir la satisfaction des besoins matériels et socio-affectifs des membres à un niveau acceptable ?

6. *Le contrôle*

Dans le contexte du changement, les membres de la famille conservent-ils le contrôle sur leur situation de vie ou deviennent-ils soumis à des facteurs sur lesquels ils n'exercent pas d'influence ?

STRATÉGIE DE SOUTIEN AUPRÈS DE LA FAMILLE EN CHANGEMENT

LES SERVICES FORMELS ET INFORMELS ET LES ACTEURS FAMILIAUX

Les interventions de soutien auprès de la famille en changement peuvent prendre de nombreux visages selon les acteurs qui y président et le moment de leur entrée en jeu dans le parcours des membres. Sans faire ici une énumération de toutes les sources possibles de soutien à la famille, il peut être pertinent de différencier le soutien informel (provenant du réseau social de la famille elle-même ou de services communautaires bénévoles) du soutien qui provient d'organismes de services formels avec des intervenants professionnels. Il peut être également judicieux de distinguer le soutien apporté à certains membres de la famille de celui qui s'adresse à l'ensemble de la famille. Enfin, par rapport au moment où arrive le soutien dans le changement, il peut être pertinent de distinguer les interventions qui ont un caractère préventif de celles qui sont de type curatif.

Par ailleurs, le contexte dans lequel l'intervention d'aide est effectuée pourra revêtir une importance considérable dans certains cas. Par exemple, l'intervention d'un professionnel auprès de la famille en réponse à un signalement ne peut être assimilée à celle d'un intervenant en thérapie familiale qui ferait suite à une demande conjointe des parents. Également, dans une famille séparée, la prise en charge d'un enfant de 6 ans par son père, dans une visée préventive devant la surcharge momentanée de sa mère qui en a la garde, ne peut être assimilée au placement du même enfant en famille d'accueil établie par une expertise psychosociale requise par la cour et qui enlève la garde à la mère déclarée inapte à l'assumer.

Cependant, au-delà de ces distinctions importantes parce qu'elles conditionnent directement la nature du soutien qui sera offert à la famille et le type d'interaction qu'elle entraînera auprès de ses membres, l'hypothèse de continuité conserve sa pertinence. En effet, cette hypothèse, comme source d'adaptation aux changements familiaux, permet de formuler une stratégie générale d'intervention auprès des familles dans le besoin : il s'agit d'augmenter chez elles la continuité et de diminuer la discontinuité lors du passage d'un stade à l'autre. Encore une fois, les six paramètres utilisés antérieurement semblent pertinents :

1. Les relations et les rôles dont le maintien est souhaité et souhaitable doivent être identifiés et les modalités de leur maintien déterminées : l'intervention doit favoriser l'implantation et le maintien de la continuité sur ces deux plans.

2. L'expression des désaccords et de sentiments tels que la colère, l'agressivité, la culpabilité, etc. doit pouvoir se faire dans des contextes appropriés. Les conflits doivent pouvoir être identifiés et discutés afin d'être transcendés. Il ne s'agit pas de nier les conflits ou de prétendre les annuler, puisqu'un bon nombre de changements familiaux ont pour source les choix divergents de certains membres de la famille. Il s'agit d'amener les membres à dépasser leurs antagonismes pour viser la continuation des projets individuels en mettant à contribution les forces familiales qui restent disponibles pendant et après le changement.

3. L'intervention doit aider le membre à adopter une image sociale réaliste de lui-même en l'amenant à identifier les perceptions erronées défavorables à son adaptation communautaire (culpabilité, honte, perte d'estime de soi, etc.).

4. L'intervention doit chercher à augmenter la prédictibilité des conséquences du changement : les membres de la famille doivent pouvoir se représenter ce qui leur arrive et ce qui leur arrivera dans le contexte du changement.

5. L'arrangement familial conséquent au changement doit être adopté de façon à optimiser la satisfaction des besoins matériels et socio-affectifs de tous les membres, compte tenu des ressources disponibles à l'ensemble. L'intervention doit permettre l'établissement de l'ensemble des potentialités de la famille et chercher à les mettre au service des besoins de l'ensemble des membres et non pas de quelques-uns seulement.

6. Parce que l'appropriation du contrôle *(empowerment)* est un élément fondamental pour entretenir la motivation des membres à s'aider eux-mêmes et préserver leur dynamisme, et qu'au contraire, la désappropriation est source d'impuissance apprise, l'intervention doit chercher à assurer aux membres le maximum de contrôle sur leur situation de vie, quitte à chercher à augmenter leur compétence à communiquer, à décider, à choisir.

Trois programmes d'intervention auprès de familles séparées seront maintenant présentés à titre d'exemples d'outils de promotion de cette continuité, promotion qui, rappelons-le, passe par l'appropriation des connaissances et habiletés requises pour atteindre un certain équilibre affectif rendant apte à relever les défis que pose la transition familiale.

TROIS PROGRAMMES D'INTERVENTION AUPRÈS DE FAMILLES SÉPARÉES UTILISANT CETTE STRATÉGIE DE SOUTIEN

Au cours des dernières années, des membres de l'équipe « Jeunes et familles en transition » du Centre de recherche sur les services communautaires se sont intéressés à mettre au point et à évaluer des programmes de soutien pour les familles en transition. Trois programmes ont ainsi fait l'objet de travaux évaluatifs : le programme « EntramiS », qui s'adresse aux enfants de familles séparées (Drapeau, Mireault, Cloutier, Champoux et Samson, 1993), le programme « Entreparents », qui s'adresse aux parents séparés (Lemieux et Cloutier, 1991 ; Lemieux, 1993), et le programme « Séparaction », qui s'adresse aux femmes séparées (Beaudry, Prévost et Boisvert, 1989 ; Boisvert et Julien, 1991). Si chacun de ces programmes poursuit des objectifs particuliers et repose sur des principes théoriques spécifiques dans la poursuite de l'adaptation à la séparation parentale, ils ont tous un certain nombre d'éléments compatibles avec le modèle théorique qui vient d'être présenté sur la continuité en tant que base d'adaptation à une transition de vie. Le tableau 3 présente une description sommaire des caractéristiques de ces trois programmes.

TABLEAU 3

Sommaire des caractéristiques des programmes « Séparaction », « EntramiS » et « Entreparents »

	Séparaction	EntramiS	Entreparents
	Beaudry, Prévost et Boisvert (1989); Prévost, Beaudry, Boisvert, Perreault, Turcotte et Julien (1989).	Drapeau, Mireault, Cloutier, Champoux et Samson (1993); Mireault, Drapeau, Fafard, Lapointe et Cloutier (1991).	Lemieux et Cloutier (1991); Lemieux (1993).
Nature de l'intervention	Intervention de groupe pour femmes séparées destinée à offrir un soutien pour l'adaptation à leurs nouvelles conditions de vie.	Intervention de groupe pour enfants de familles séparées destinée à les aider à mieux s'adapter à la séparation de leurs parents.	Intervention de groupe pour parents séparés visant une meilleure adaptation de l'enfant par l'amélioration de la relation parentale et coparentale.
Cadre de réalisation du programme	Huit rencontres de groupe réunissant six femmes séparées et deux animatrices. Il s'agit de rencontres hebdomadaires durant deux heures et demie chacune, tenues le soir dans les locaux d'un organisme de services communautaires (DSC, CLSC, Maison de la famille, etc.).	Dix rencontres de groupe réunissant huit garçons et filles âgés de 9 à 12 ans et deux animateurs ou animatrices. Les rencontres sont hebdomadaires, durent une heure et se tiennent à l'école que fréquentent les enfants.	Huit rencontres de groupe réunissant huit parents (mères et pères) séparés et une animatrice. Les rencontres sont hebdomadaires, durent trois heures et se tiennent le soir dans les locaux d'un organisme public qui convient.
Base théorique du programme	Programme de prévention utilisant une approche behaviorale cognitive pour promouvoir le développement de connaissances et d'habiletés favorables à l'adaptation de la femme à sa séparation conjugale. La transformation des pensées négatives en pensées positives, le développement des habiletés de communication, d'affirmation de soi et de résolution de problèmes sont visés à travers des échanges et des exercices pratiques (mises en situation, jeu de rôles, etc.).	Programme de prévention basé sur les travaux concernant les effets de la séparation sur le développement de l'enfant et les tâches développementales que les enfants doivent accomplir pour s'adapter à la réorganisation de leur milieu familial. On vise l'appropriation, par l'enfant, des outils nécessaires à l'accomplissement des tâches : habiletés de communication et de résolution de problèmes, attitudes par rapport à soi et par rapport aux projets futurs.	Programme de prévention basé sur la recherche sur les transitions familiales, qui démontre que l'adaptation de l'enfant après la séparation est favorisée par le maintien d'une relation satisfaisante entre l'enfant et chacun de ses parents (relation parentale), ce qui requiert une relation coparentale minimale. On vise l'adaptation de l'enfant par le biais du développement, chez le parent gardien, d'attitudes et d'habiletés favorables aux liens parental et coparental.

TABLEAU 3

**Sommaire des caractéristiques des programmes « Séparaction »,
« EntramiS » et « Entreparents » *(suite)***

	Séparaction	EntramiS	Entreparents
Thèmes des rencontres	Le contenu de chacune des rencontres gravite autour d'un thème : 1. les étapes de la séparation ; 2. comment faire face à la solitude ; 3. le lien entre les pensées et les émotions et le contrôle des pensées négatives ; 4. les relations avec l'ex-conjoint ; 5. la communication et l'affirmation de soi ; 6. et 7. la réorganisation de la vie personnelle, familiale et sociale ; 8. l'adaptation des enfants à la séparation. Au cours de chaque rencontre la participante est invitée à préciser la nature de ses difficultés en rapport avec le thème, à se fixer des objectifs à atteindre et à identifier des moyens qu'elle entend adopter pour s'engager dans le processus du changement désiré.	Quatre thèmes généraux structurent les rencontres, dont chacune a son sujet particulier : *Thème A* : « L'identification des sentiments » (sessions 1 et 2) 1. « mon père et ma mère vont se séparer » – les sentiments *avant* la séparation ; 2. « et moi là-dedans ? » – les sentiments *après* la séparation ; *Thème B* : « La résolution de problèmes » (sessions 3, 4 et 5) 3. « Un problème ?... Dix solutions » – introduction à la résolution de problèmes ; 4. « Dix solutions ?... Un choix » – jeux de rôles sur la résolution de problèmes ; 5. « Ce n'est pas mon problème » – les problèmes insolubles. Panel d'enfants-experts sur la séparation. *Thème C* : « L'expression de la colère » (sessions 6 et 7) 6. « Grrr ! » – la colère : causes et conséquences ; 7. « Écoute-moi, je te parle ! » – les différentes façons d'exprimer sa colère. *Thème D* : « Les familles recomposées » (sessions 8 et 9) 8. « T'es pas mon père, O.K. ? » – les familles recomposées ; 9. « Déjà fini... » – panel d'enfants-experts sur la vie familiale. Évaluation du programme. 10. Fête EntramiS – repas communautaire et remise de diplômes.	Huit thèmes sont proposés qui ont les objectifs communs suivants : a) amener le parent à informer l'enfant de la situation familiale et lui permettre d'exprimer ses sentiments ainsi que les problèmes qu'il vit en rapport avec la séparation ; b) établir une relation parentale positive ; c) maintenir l'enfant à l'écart du conflit conjugal ; et d) favoriser l'établissement d'une relation coparentale de qualité. La séquence des thèmes est la suivante : 1. les réactions du parent participant à la séparation et les tâches qu'il ou elle a à réaliser pour s'y adapter ; 2. les réactions des enfants à la séparation et les moyens pour les aider à s'y adapter ; 3. la communication parent–enfant dans la famille séparée (relation parentale) ; 4. le rôle du parent dans le contrôle de l'enfant (relation parentale) ; 5. l'impact du conflit conjugal sur les enfants et les moyens pour soustraire les enfants à ce conflit ; 6. le maintien du contact avec l'autre parent (relation coparentale) ; 7. la communication et la négociation avec l'autre parent (relation coparentale) ; 8. synthèse du travail accompli et des tâches à réaliser dans le futur immédiat.

TABLEAU 3

Sommaire des caractéristiques des programmes « Séparaction », « EntramiS » et « Entreparents » *(suite)*

	Séparaction	EntramiS	Entreparents
Structure de chaque rencontre (séquence). La séquence de la première rencontre est différente et comprend la présentation des personnes et du programme.	1. Présentation du thème par une animatrice ; 2. discussion du thème en groupe et échange de témoignages s'y rapportant. Présentation de moyens pour modifier des comportements ; 3. travail en sous-groupes : deux sous-groupes avec chacun une animatrice. Retour sur les exercices de la semaine passée (devoirs) et identification d'objectifs à atteindre pour la semaine à venir ; 4. clôture de la rencontre.	1. Accueil des enfants et présentation du thème par les animatrices ; 2. présentation du document audiovisuel, du jeu ou de l'activité à faire, selon le cas, au cours de la rencontre ; 3. déroulement de l'activité et discussion entre les enfants ; 4. synthèse de la rencontre et rendez-vous pour la prochaine fois.	1. Résumé de la rencontre précédente par l'animatrice (environ 15 min.) ; 2. retour sur l'exercice que chaque participant avait à faire au cours de la semaine (environ 30 min.) ; 3. exposé de l'animatrice sur le thème de la rencontre avec questions et échanges de témoignages environ 45 min.) ; 4. pause (environ 20 min.) ; 5. laboratoire impliquant discussions et mises en situation autour d'une habileté à développer (environ 60 min.) ; 6. explication de l'exercice à faire pour la semaine à venir et clôture de la rencontre (environ 10 min.).
Lien entre le programme et la recherche de continuité selon les six composantes proposées			
1. Le maintien des liens et des rôles	Pour les femmes participantes qui ont des enfants, le *Manuel des participants* de Séparaction indique : « Si le couple ne dure pas toute la vie, "être parent" ne s'arrête pas au moment de la séparation. Tous les enfants ont besoin de maintenir un contact avec leurs parents. C'est pourquoi il est si important que chaque parent trouve une façon de garder le contact avec ses enfants tout en facilitant, dans la mesure du possible, les contacts avec l'autre parent. » (P. 17.)	Comme EntramiS s'adresse à des enfants qui n'ont pas le pouvoir de réunir leurs parents ou de prescrire la fréquence des contacts avec leurs parents, le programme ne se donne pas comme objectif explicite de maintenir les liens. Il s'emploie cependant à rendre clair le fait que l'enfant ne se sépare pas et que ses parents seront ses parents pour la vie.	Le cadre théorique lui-même du programme Entreparents repose sur l'hypothèse que l'adaptation de l'enfant est favorisée par le maintien des liens et des rôles de ses deux parents auprès de lui.

TABLEAU 3

Sommaire des caractéristiques des programmes « Séparaction », « EntramiS » et « Entreparents » *(suite)*

	Séparaction	EntramiS	Entreparents
2. Le contrôle des conflits	Dans l'information fournie aux participantes, le programme identifie le conflit entre ex-conjoints comme une difficulté probable au moment de la transition, mais il propose, pour le bien de l'enfant, de tenter d'établir une relation de coopération entre les parents. « Cela implique que l'on soit capable : – de reconnaître les qualités de parents de l'autre, – de séparer ses qualités de « conjoint » de ses qualités de parents, – de faire passer les intérêts de l'enfant avant les siens, – de séparer ses conflits de couple de ses conflits de parents. » (*Manuel des participantes*, p. 23.)	Le programme EntramiS s'adresse au contrôle des conflits, dans la mesure où il vise la canalisation appropriée de l'expression de la colère de l'enfant et le développement d'habiletés à la résolution de problèmes interpersonnels avec les parents et le nouveau parent, le cas échéant.	Entreparents se donne comme objectif explicite de diminuer l'acrimonie entre les ex-conjoints en amenant le parent à surmonter son désir de punir l'autre pour s'ouvrir à la relation coparentale. Le programme se donne aussi comme objectif d'améliorer la relation parentale par une meilleure affirmation des limites dans le contrôle de l'enfant.
3. Le partage avec d'autres personnes qui ont vécu la même expérience en vue de sa déstigmatisation sociale	Séparaction repose sur l'échange et la communication entre femmes séparées. L'animation est explicitement orientée vers la promotion de l'expression et du partage de la part des participantes.	EntramiS propose aux enfants d'exprimer leurs sentiments et de partager leurs solutions afin de les amener à se rendre compte qu'ils ne sont pas les seuls à vivre cette expérience et à ressentir ces émotions.	Dans le programme Entreparents, l'échange de perspectives entre parents des deux sexes constitue un élément clé pour la remise en question des points de vue, la création de liens de confiance dans le groupe et l'ouverture à la coparentalité.
4. La prévisibilité	L'approche behaviorale cognitive appliquée dans ce programme requiert, de la part de chaque participante, que des objectifs personnels explicites soient identifiés et que la personne s'engage à prendre des moyens spécifiques pour les atteindre. Dans ce contexte, la projection personnelle vers le futur prévisible fait partie intégrante de la démarche.	Une des retombées du programme est de favoriser la reprise, par l'enfant, de son propre agenda, de son propre projet de vie en distinguant ce qui est de son ressort de ce qui ne l'est pas, en distinguant sa voie de celle de ses parents. L'enfant est amené à construire une image de ce qui s'en vient pour lui.	Avec Entreparents, la prévisibilité est touchée par le biais de la planification de relations fonctionnelles avec l'autre parent (relation coparentale à construire et à maintenir) de même que par les stratégies d'amélioration future de la relation parentale.

TABLEAU 3

**Sommaire des caractéristiques des programmes « Séparaction »,
« EntramiS » et « Entreparents »** *(suite)*

	Séparaction	EntramiS	Entreparents
5. La satisfaction des besoins	Les besoins affectifs et sexuels de la femme séparée représentent une thématique à laquelle Séparaction s'adresse directement.	EntramiS a pour but de répondre aux besoins qu'ont les enfants d'identifier et d'exprimer leurs sentiments face à la séparation de leurs parents et de développer une compréhension de leur futur. La satisfaction de ces besoins est considérée comme nécessaire à l'adaptation de l'enfant à la séparation de ses parents.	Entreparents s'adresse aux besoins de l'enfant en favorisant l'implication de ses deux parents auprès de lui. C'est ce que l'enfant souhaite, mais c'est aussi ce qui peut contribuer à maintenir la contribution matérielle et humaine de ses deux parents face à ses besoins. Pour les parents, le programme vise l'amélioration de la relation parentale, ce qu'ils souhaitent, et l'accès à des répits, apportés par un meilleur partage du fardeau de la garde.
6. Le contrôle	S'affirmer et se prendre en main et travailler à atteindre ses objectifs personnels en surmontant les obstacles, voilà l'orientation générale de Séparaction, ce qui correspond à une stratégie d'appropriation.	Le programme se donne comme but d'amener l'enfant à bien distinguer ce qu'il peut contrôler de ce qu'il ne peut pas contrôler, afin d'éviter le piège de la surresponsabilisation à l'égard de la séparation et afin de permettre à l'enfant de réussir à atteindre des buts réalistes.	Le programme Entreparents part de l'idée que le parent gardien possède un contrôle important sur l'environnement de l'enfant et qu'il est possible d'influencer ce contrôle pour favoriser la relation parentale et coparentale en vue d'une meilleure adaptation de l'enfant.

LE PROGRAMME « SÉPARACTION » POUR FEMMES SÉPARÉES

« Séparaction » vise à fournir un lieu d'échanges d'informations et de développement d'habiletés favorables à l'adaptation personnelle à la suite d'une séparation conjugale. Faire face à la séparation : 1) en changeant ses pensées négatives ; 2) en s'affirmant et en communiquant ; 3) en résolvant ses problèmes ; et 4) en réorganisant sa vie de façon appropriée au contexte nouveau de la séparation (Beaudry, Prévost et Boisvert, 1989 ; Prévost, Beaudry, Boisvert, Perreault, Turcotte et Julien, 1989). Ce programme donne lieu à huit rencontres hebdomadaires de groupes de six femmes avec deux coanimatrices.

Il s'agit d'une intervention basée sur l'approche behaviorale cognitive, structurée autour des thèmes suivants : « [...] la solitude, la relation entre les pensées et les sentiments, les relations avec l'ex-conjoint, la communication et l'affirmation de soi, l'adaptation des enfants à la séparation des parents, la réorganisation de la vie personnelle, familiale et sociale » (Boisvert et Julien, 1991, p. 23-24). Chaque rencontre est structurée autour de quatre phases : 1) information fournie par les animatrices sur le thème de la rencontre ; 2) échanges sur le thème et pratique d'habiletés pertinentes au moyen de jeux de rôles et autres exercices ; 3) une période de travail en petit groupe, où l'on révise ce qui a été fait par chacune au cours de la semaine précédente ; 4) une période de travail où l'on détermine des objectifs individuels et spécifiques pour la semaine suivante ».

Le programme a été évalué auprès de 55 femmes, âgées de 40,6 ans en moyenne, dont l'union conjugale avait duré 16,2 ans en moyenne. Trente-six d'entre elles ont complété le programme et 19 ont participé à titre de groupe témoin. L'adaptation à la séparation, la détresse émotionnelle, l'estime de soi, l'affirmation de soi, la perception du réseau social et la satisfaction par rapport au programme d'intervention ont été évaluées. Comparativement au groupe témoin, le groupe expérimental s'est amélioré significativement sur deux dimensions, soit sur le plan de l'adaptation perçue à la séparation et sur celui de la détresse émotionnelle. Mais le programme n'a pas eu d'effet sur l'estime de soi, l'affirmation de soi ou la perception du réseau social, sauf en ce qui a trait à la satisfaction ressentie au regard du soutien reçu de l'entourage. La taille de l'échantillon limitait les possibilités de généralisation, mais les résultats ont permis aux auteurs d'affirmer que le programme démontre un potentiel réel de soutien à l'adaptation de femmes récemment séparées.

LE PROGRAMME « ENTRAMIS »
POUR ENFANTS DE FAMILLES SÉPARÉES

Le programme « EntramiS » est une adaptation québécoise du « Children of Divorce Intervention Program » de Pedro-Carroll (Pedro-Carroll, 1985 ; 1990 ; Pedro-Carroll et Cowen, 1985 ; Pedro-Carroll et al., 1986), lui-même inspiré des travaux de Stolberg et al., (1981) et de Wallerstein (1983). Le programme s'appuie sur l'hypothèse selon laquelle l'enfant dont les parents se séparent a plusieurs tâches à réaliser et que, pour ce faire, il peut bénéficier d'un soutien structuré. Wallerstein (1983) a identifié six de ces tâches : 1) reconnaître la réalité de la séparation parentale et en développer une compréhension réaliste ; 2) se désengager du conflit parental et reprendre son propre projet de vie; 3) faire le deuil des pertes que la séparation entraîne; 4) résoudre le problème que posent ses sentiments de colère et de culpabilité au regard de la séparation; 5) accepter la permanence de la séparation; et 6) rétablir une vision positive et réaliste de ses propres relations interpersonnelles futures. Les objectifs décrits au tableau 3 en ce qui a trait au programme EntramiS permettent de comprendre comment ces tâches ont influencé l'orientation du programme.

Dans la poursuite de ces objectifs pour l'enfant, le programme EntramiS est structuré selon quatre composantes présentées en séquence: 1) une composante affective, dirigée vers l'identification des sentiments reliés à la séparation parentale, ainsi que le partage d'expériences vécues entre les enfants; 2) une composante de développement d'habiletés à la résolution de problèmes visant l'acquisition par les enfants de façons de résoudre les problèmes interpersonnels; 3) une composante « expression de la colère » qui porte sur les moyens à prendre pour canaliser l'expression de la colère de façon appropriée; et 4) une composante «nouvelles familles» axée sur le futur de la famille et les liens actuels et futurs que l'enfant y vivra. On retrouvera au tableau 3 la liste des thèmes particuliers de chacune des neuf rencontres du programme. Drapeau *et al.* (1993) ont réalisé une évaluation de l'applicabilité et des effets du programme en milieu scolaire, soit au primaire, auprès de 44 filles et de 32 garçons, âgés de 9 à 12 ans, répartis en 11 groupes de 6 à 8 enfants. Deux coanimatrices ou coanimateurs guidaient le groupe dans son travail. Même si l'étude ne comportait pas de groupe témoin, elle a permis d'observer les changements suivants à partir d'une comparaison pré- et post-test: 1) les enfants et les parents perçoivent qu'en fournissant un lieu d'expression et de partage, le programme permet de briser l'isolement des jeunes face au problème que leur pose la séparation de leurs parents; 2) les parents estiment que les enfants sont plus calmes, s'expriment plus facilement et avec plus d'assurance; 3) les enfants obtiennent de meilleurs résultats au « jeu de l'expert », qui évalue la valeur des solutions qu'ils proposent à des problèmes concernant la séparation; et 4) les enfants acquièrent une représentation élargie de leur situation familiale après leur participation au programme, c'est-à-dire que leur conception englobe plus d'éléments pertinents à leur réalité familiale qu'elle ne le faisait avant le programme. Les auteurs mentionnent enfin que

> [...] les résultats mis en lumière révèlent que l'intervention est associée à plusieurs changements chez l'enfant. Dans l'ensemble, il s'agit de changements positifs, soit une diminution importante des comportements problématiques d'internalisation et d'externalisation, et une augmentation du sentiment de compétence

de l'enfant au plan scolaire et comportemental. Par contre, l'augmentation des comportements délinquants et agressifs et de l'anxiété des enfants, de même que la diminution de la satisfaction familiale indiquent que le programme n'a peut-être pas que des effets positifs. Bien sûr, ces résultats plus négatifs doivent être considérés relativement aux nombreux effets positifs et variés mis en lumière à l'aide des diverses sources de répondants et des divers instruments de mesure utilisés. Cependant, il est clair pour nous que l'intervention de groupe pour les enfants de parents séparés peut secouer les enfants, et même la dynamique familiale. (Drapeau *et al.*, 1993, p. 102.)

LE PROGRAMME « ENTREPARENTS »
POUR PARENTS DE FAMILLES SÉPARÉES

Le programme « Entreparents » (Lemieux, 1993) s'adresse aux parents de familles séparées. Il a pour objectif de développer la qualité des relations parentale et coparentale dans le but de favoriser l'adaptation de l'enfant à la séparation de ses parents. Théoriquement, le programme « Entreparents » repose sur le principe que l'adaptation de l'enfant à la séparation parentale est favorisée par le maintien d'une relation satisfaisante avec chacun de ses parents (relation parentale), ce qui a pour effet de lui conserver accessibles les ressources humaines et matérielles que peuvent lui offrir ses deux parents. Un tel maintien de la relation parentale exige cependant que les ex-conjoints soient en mesure de surmonter leurs conflits personnels pour accepter que chacun entretienne une bonne relation avec l'enfant qu'ils ont ensemble et pour coopérer afin de synchroniser leurs contacts avec lui, sans le coincer dans des conflits de loyauté dommageables. Bref, pour que la double relation parentale puisse s'épanouir, il faut une relation coparentale (Ahrons, 1981; 1983; Amato et Keith, 1991; Brown *et al.*, 1991; Demo, 1992; Demo et Acock, 1988; Hetherington, Stanley-Hagan et Anderson, 1989; Miller *et al.*, 1993).

Le programme Entreparents comporte huit rencontres hebdomadaires de trois heures, réunissant 6 à 8 parents des deux sexes (un seul membre du couple parental) accompagnés d'une animatrice ou d'un animateur. Le tableau 3 présente la liste des thèmes associés à chacune des rencontres. Au début de la rencontre, un tour de table est proposé où chaque personne participante est invitée à faire état de la démarche entreprise au cours de la semaine passée concernant les « devoirs » qu'ils avaient à faire depuis la dernière rencontre. Ensuite, l'animatrice présente de l'information sur le thème de la rencontre en se basant sur les connaissances disponibles dans la littérature sur le sujet. Suivent alors des exercices où les participants et participantes sont invités à discuter et à exercer des habiletés parentales et coparentales se rapportant au thème de la rencontre dans les contextes de discussion, de mises en situation et de jeux de rôles. Enfin, la rencontre se termine par la description des exercices à faire à la maison pour la semaine à venir. Des documents écrits sont offerts aux parents participants et à leurs enfants («Le livre des parents» et «Le livre des enfants») et peuvent servir pour les exercices à faire à la maison.

Lemieux (1993) a réalisé une évaluation des effets du programme Entreparents auprès de 23 parents. Le devis d'évaluation comprenait aussi un groupe témoin composé de 22 parents dont les noms figuraient sur une liste d'attente. Le programme avait pour cible un enfant âgé entre 8 et 10 ans associé à chaque parent participant. Au pré- et au post-test, les mesures ont été prises auprès de l'enfant cible et auprès de son parent participant sur les thèmes suivants : la relation coparentale, la relation parentale, l'adaptation de l'enfant à la séparation, la satisfaction des parents à l'égard du programme, la perception des bénéfices associés au programme, l'application du programme et, enfin, le suivi.

LA RECHERCHE DE CONTINUITÉ DANS LA TRANSITION

Les trois programmes d'intervention de groupes qui viennent d'être brièvement présentés ont en commun une série de caractéristiques : intervention en groupe, présence d'animateurs ou d'animatrices, structure du programme autour d'une série de thèmes orientés vers la poursuite d'objectifs déterminés, structure de chaque rencontre autour d'une séquence spécifique, techniques d'animation et activités orientées pour promouvoir l'échange et l'acquisition de connaissances et d'habiletés, etc.

Au-delà de ces caractéristiques techniques communes, les trois programmes peuvent être considérés comme poursuivant tous, chacun à sa manière, une forme de continuité pour leurs participants, en fournissant à chacun et à chacune :

1. un lieu d'identification et d'expression de ses émotions dans le contexte de la transition familiale ;

2. un lieu de partage d'expériences et d'échange de témoignages, partage qui s'avère aussi puissant dans le développement d'un sentiment de compétence à établir de nouvelles relations de confiance et à briser l'isolement individuel, qu'à déstigmatiser la séparation ;

3. un lieu d'acquisition de connaissances et d'habiletés pertinentes pour accepter la réalité de la situation de transition et résoudre les problèmes qu'elle pose.

Chacun à leur façon, ces trois programmes font la promotion de l'appropriation des outils nécessaires à la poursuite de leur projet de vie personnel : comprendre ce qui se passe et relever les défis qui se posent afin d'assurer le meilleur futur possible.

CONCLUSION

Dans le contexte des changements familiaux, un cadre théorique est donc proposé qui soutient que la continuité, telle que nous l'avons définie précédemment, aide les acteurs familiaux : 1) à conserver un sens à leur vie à travers le changement de leur famille ; 2) à garder actif leur potentiel adaptatif face aux défis développementaux que pose le changement ; et 3) à intégrer l'adaptation dans le projet personnel de vie, tout en respectant l'identité individuelle.

Il s'agit d'une perspective qui trouve appui dans plusieurs courants de recherche empirique et possède une pertinence certaine pour l'intervention dans la famille en transition. Les trois exemples de programmes d'intervention présentés partagent cet objectif de protection de la continuité des liens et des rôles à travers la transition familiale.

Chapitre 3

Contextes de vie familiale
au cours de la petite enfance

**ou comment savoir ce qui se passe dans la vie
de tous les jours des bébés de divers milieux**

Andrée POMERLEAU, Gérard MALCUIT
Laboratoire d'étude du nourrisson
Université du Québec à Montréal

Marie JULIEN
Direction de la santé publique de la Régie régionale
de la santé et des services sociaux de la Montérégie

Ce travail a été rendu possible grâce à des subventions du Conseil de recherche en sciences humaines du Canada, du Conseil québécois de la recherche sociale et du ministère de la Santé et du Bien-être social Canada (Programme national de recherche et de développement en matière de santé). Nous voulons remercier l'ensemble de l'équipe qui a participé à diverses étapes de la recherche : N. Boucher, T. Rome Flanders, G. Lamarre, G. Maître, D. Martel-Bariteau, J. Moreau, M.-A. Nantel, R. Séguin, L. Turgeon ; ainsi que les intervenantes des CLSC du territoire, les mères et leurs bébés.

Un consensus se dégage aujourd'hui de la recherche sociale et de l'étude des facteurs de risque psychosociaux pour le développement de l'enfant et c'est le suivant : identifier des groupes à risque en observant les conditions sociodémographiques, telles que le niveau de revenu de la famille, l'instruction des parents, le statut de famille monoparentale, l'âge de la mère, etc., ne suffit pas. Si la statistique donne à ces caractéristiques globales d'un milieu de vie une valeur de prédiction du développement de l'enfant, néanmoins (et heureusement) une grande variablité interindividuelle subsiste. Certains enfants de milieux plus ou moins appauvris se développent bien, alors que d'autres manifestent des problèmes et retards à divers niveaux (cognitif, verbal, social, émotionnel). La démarche actuelle en recherche vise à relever les éléments présents dans ces grandes classes descriptives de contextes qui pourraient favoriser ou entraver l'évolution harmonieuse du répertoire comportemental de l'enfant en cours de développement. Certains mettent l'accent sur les conditions dans lesquelles se trouve la famille, comme sources de stress et de vulnérabilité. D'autres recherchent d'abord à l'intérieur du système familial même les éléments responsables. Tout en examinant un certain nombre de facteurs plus globaux de risque ou de protection, notre analyse vise à repérer les éléments directement fonctionnels dans les échanges entre le nourrisson et son environnement. Les variables associées aux conditions externes de la vie familiale (contexte d'emploi, normes socioculturelles, lois, etc.) peuvent affecter le développement de l'enfant si elles modifient les événements de son milieu immédiat et les comportements de son entourage.

Pour concrétiser cette démarche, nous présenterons une recherche sur les contextes de vie de l'enfant au cours de la première année chez des populations à risque. Nous examinerons les variables retenues dans cette étude en proposant de nouveaux instruments de mesure pour analyser l'écologie quotidienne de la vie familiale. Nous exposerons aussi des résultats préliminaires illustrant le type d'informations que nos outils permettent de recueillir.

DES POPULATIONS VULNÉRABLES

Au Canada, environ 20 % des femmes enceintes chaque année vivent sous le seuil de pauvreté – seuil établi en 1989 par le Conseil canadien du développement social à un revenu annuel de moins de 24 000 $ pour une famille nucléaire de trois personnes et à moins de 20 000 $ pour une famille monoparentale de deux personnes. Nombre de ces femmes sont également très jeunes lors de leur première grossesse. Nous avons retenu ces indices (revenu-âge) ainsi que le niveau d'instruction de la mère (en forte corrélation d'ailleurs avec le niveau de revenu) pour établir un échantillon de familles à risque.

Les recherches ont montré que des bébés vivant dans ces milieux vulnérables (c'est-à-dire socio-économiquement défavorisés et de mères peu instruites ou très jeunes) présentent des risques pour leur développement psychologique (sur les plans cognitif, moteur, affectif et et relationnel) et pour leur santé mentale ultérieure. La famille est le lieu privilégié des premières acquisitions de conduites permettant à l'enfant d'interagir avec les personnes et d'agir sur son milieu. Ces acquisitions s'élaborent par le biais d'échanges entre le nourrisson et son environnement dès ses premiers mois (Belsky, 1981). La qualité de son développement peut ainsi être affectée dès le départ par des conditions identifiées en fonction de caractéristiques psychosociales chez les parents. L'existence d'une corrélation entre le fait d'appartenir à un groupe dit « à risque » et des mesures du développement ultérieur souligne la valeur prédictive de ces caractéristiques sur la qualité du développement. Mais l'existence d'une corrélation plus ou moins importante ne signifie pas que tous les enfants d'un groupe à risque auront un développement psychologique déficient (Werner, 1989). Chaque classe de risques représente une constellation de conditions variées, formées d'éléments souvent reliés, parfois opposés. Il faut cerner ces éléments plus spécifiques des contextes qui peuvent contribuer durant cette période cruciale de la petite enfance à une évolution plus ou moins optimale de la santé psychologique de l'enfant.

Les conséquences probables de conditions telles que les bas niveaux socio-économiques et la grossesse à l'adolescence sur la qualité des comportements interactifs de la mère et sur le développement du bébé ont déjà été soulignées (Bradley *et al.*, 1989 ; Field, 1980 ; Furstenberg, Brooks-Gunn et Chase-Landsdale, 1989 ; Garcia Coll, Hoffman et Oh, 1987 ; Halpern, 1990 ; Landy *et al.*, 1984 ; Osofsky, Osofsky et Diamond, 1988 ; Weinraub et Wolf, 1987). La relation entre les conditions sociodémographiques qui permettent d'identifier les groupes, les comportements de la mère et le niveau de développement de l'enfant dépend des diverses variables retrouvées dans ces conditions. Ainsi, certaines variables concernent plus particulièrement la mère (c'est-à-dire son état psychologique, sa réaction au stress, etc.). Elles peuvent affecter ses modes de conduite et d'aménagement du milieu quotidien et, de là, contribuer à faire vivre des expériences particulières à l'enfant. De plus, la persistance de certains éléments adverses dans l'environnement dans lequel évolue l'enfant se révèle souvent plus déterminante d'un développement à risque que les grandes classes de risques identifiées au départ.

L'impact éventuel du niveau socio-économique sur le développement de l'enfant (Bouchard, 1983 ; Huston, 1991, 1994 ; Lyons-Ruth, Connell et Grunebaum, 1990 ; Ramey et Finkelstein, 1981 ; Sameroff, 1975 ; Séguin, 1983) se produit à travers des conduites spécifiques de parentage et à travers les événements et les objets du milieu familial (Bradley *et al.*, 1989, 1994). La relation entre le niveau socio-économique et certaines pratiques parentales, ainsi que la qualité des stimulations et le support au développement cognitif disponible dans le milieu apparaît dans diverses recherches (voir Barocas *et al.*, 1991 ; Gottfried et Gottfried, 1984). Les parents dont le niveau socio-économique est élevé sont en majorité bien instruits et fournissent objets et matériel stimulant le développement de l'enfant. En outre, ils passeraient plus de temps à encourager directement les progrès développementaux de leur enfant et à lui offrir une variété d'expériences stimulantes (Bradley *et al.*, 1989 ; Gottfried, 1985 ; Hart et Risley, 1995). On note que le statut socio-économique et la qualité de l'interaction mère–bébé sont reliés (Field, 1982). En général, les mères de milieu défavorisé joueraient moins avec leur bébé (Field et Pawlby, 1980), lui parleraient moins (Kilbride, Johnson et Streissguth, 1977) et seraient moins synchrones avec ses comportements (Barnard *et al.*, 1988). Ces modes interactifs auraient un impact sur les conduites des bébés, ces derniers devenant moins expressifs, moins actifs et vocalisant moins (Field, 1982 ; Lewis et Wilson, 1972 ; Musick, 1993). Leurs parents les perçoivent comme ayant un tempérament difficile (Sameroff, Seifer et Eilas, 1982). Par contre, les observations et résultats d'études sont souvent divergents (Ventura et Stevenson, 1986). La condition socio-économique recouvre un large ensemble de variables décrivant le contexte de vie familiale, les activités quotidiennes du bébé et de ses parents, de sorte qu'il est difficile de la relier de façon précise à une qualité de développement.

Par ailleurs, c'est dans une population de milieu défavorisé que l'on retrouve bon nombre des maternités à l'adolescence. Au Canada, il y a environ 40 000 adolescentes enceintes par année. Au Québec, on estime à près de 8 000 le nombre annuel de grossesses à l'adolescence (ministère de la Santé et des Services sociaux, 1989). Les problèmes engendrés par une maternité à l'adolescence sont d'abord d'ordre psychosocial (Guilbert, 1985). Ces mères vivent pour la plupart sous le seuil de pauvreté : elles reçoivent de l'aide sociale, occupent des emplois peu rémunérateurs et ont un faible niveau d'instruction (Lavoie et Lavoie, 1986 ; Musick, 1993 ; Phipps-Yonas, 1980). La dépression et le sentiment d'isolement (Lavoie et Lavoie, 1986 ; Schinke *et al.*, 1986) s'ajoutent aux facteurs de stress de façon plus dramatique chez l'adolescente que chez la mère plus âgée (Copeland, 1981 ; Morin-Gonthier *et al.*, 1982 ; Peterson, Sripada et Barglow, 1982 ; Wolfish, 1984). Ces éléments peuvent se répercuter sur la qualité des comportements maternels et de l'interaction mère–enfant (Bernstein, 1987 ; Carlson *et al.*, 1986 ; Hechtman, 1989 ; Van Cleve et Sadler, 1990). On note aussi chez les jeunes mères une carence d'information sur le développement du bébé et sur les méthodes de maternage (McDonough, 1985 ; Phipps-Yonas, 1980) qui semble les rendre moins curieuses au sujet du développement de leur propre bébé. Elles ont des attentes irréalistes qui résultent en frustrations de toutes sortes (Field *et al.*, 1986). Elles s'engagent moins dans des interactions face à face (Landy *et al.*, 1984), parlent peu à leur bébé (Baldwin et Cain, 1980 ; Culp, Osofsky et O'Brien, 1996 ; Stevenson et Roach, 1987), le regardent moins souvent et le tiennent plus loin d'elles ; elles sont moins contingentes (Baskin, Umansky et Sanders, 1987) et moins sensibles aux besoins du bébé (Landy *et al.*, 1984) ; elles recourent plus souvent à des sanctions physiques (Reis et Herz, 1987). Ces conduites maternelles ont certainement un impact sur la qualité du développement et de la socialisation des enfants (Garcia Coll *et al.*, 1987 ; Hechtman, 1989 ; Osofsky *et al.*, 1988, 1993). En effet, on constate en retour que ces derniers sourient et rient moins, prennent peu l'initiative d'interactions sociales appropriées et pleurent rarement (Musick *et al.*, 1987). Ils présentent un mélange paradoxal de compétences cognitives et motrices associées soit à l'apathie et à un désintérêt social, soit à un comportement agressif, désorganisé et hyperactif. Selon Lamb, Hopps et Elster (1987), les enfants de mères adolescentes manifestent davantage de comportements d'évitement et moins de recherche de contact maternel que les enfants de mères adultes dans la procédure de la « situation étrange ».

Les conditions de maternité à l'adolescence ou de pauvreté économique n'expliquent pas en elles-mêmes les déficits observés chez l'enfant. Cependant, il est montré que l'on retrouve dans ces conditions des patrons de stimulation, des conduites interactives et des variables psychologiques particulières qui permettent d'expliquer les déficits. Ce sont ces éléments plus spécifiques qu'il faut identifier.

LES VARIABLES CONTEXTUELLES IMPLIQUÉES

L'analyse précédente souligne le rôle éventuel d'un ensemble d'éléments dans le développement du jeune enfant. La variation de ces éléments, dans une même condition globale, expliquerait les différences observées dans le niveau des problèmes de développement des enfants dits « à risque ». Certains éléments auraient pour effet de rendre la mère plus ou moins efficace et disponible pour établir des relations synchrones adaptées au bébé. Ils contribuent à l'organisation quotidienne de la vie familiale définie par les stimulations physiques et sociales dirigées vers le bébé, et vers sa mère, ainsi que par leurs activités quotidiennes et le réseau social qui soutient leurs activités. D'autres variables contextuelles susceptibles d'avoir un impact sur la qualité du développement concernent la perception par la mère du tempérament de son enfant, son état dépressif et l'écologie sociale de la famille. Ces variables peuvent être reliées à des conditions sociodémographiques particulières et modifier en retour l'organisation quotidienne du milieu de vie de l'enfant. La chaîne d'effets probables se décrit comme suit : des conditions sociodémographiques globales (âge, instruction, revenu, etc.) déterminent des éléments du contexte de vie des parents sur les plans physique (budget), social (conjoint, réseau) et psychologique (stress, dépression), ce qui affecte les éléments du contexte de vie de l'enfant (pratiques parentales, routine quotidienne, espace d'exploration, etc.). Ainsi, les conditions sociodémographiques recouvrent un ensemble de variables diverses servant à décrire les éléments probables aux autres niveaux.

Parmi les éléments identifiés, certains (les derniers dans la chaîne) touchent directement l'enfant ; il est en contact direct avec eux (ce sont ceux que nous considérons comme des variables fonctionnelles). Il s'agit de l'aménagement de son environnement physique et social, c'est-à-dire les jouets et accessoires qui l'entourent (Bradley et Caldwell, 1976 ; Gottfried et Gottfried, 1984 ; Richter et Grieve, 1991 ; Wachs, 1991 ; Wachs et Gruen, 1982), les pratiques éducatives de ses parents, les activités quotidiennes auxquelles il participe et les personnes qu'il côtoie (Bornstein, 1988 ; Kuczynski et Kochanska, 1990 ; Roberts, Block et Block, 1984). D'autres éléments (les avant-derniers de la chaîne) affectent indirectement les modes d'organisation de l'environnement de l'enfant et son développement par leur impact sur les conduites parentales : la perception maternelle du tempérament de l'enfant (Broussard, 1976 ; Carey et McDevitt, 1978 ; Field, 1980 ; Lee et Bates, 1985 ; Roth, Eisenberg et Sell, 1984 ; Sameroff *et al.*, 1982), les connaissances de la mère sur le développement de l'enfant (MacPhee, 1983 ; McDonough, 1985 ; Phipps-Yonas, 1980), son état dépressif (Alexandra, Cogill et Caplan, 1982 ; Brockington, 1985 ; Cox, Connor et

Kendell, 1982; Field, 1986, 1987; Field *et al.*, 1985; Fleming *et al.*, 1988; Landy *et al.*, 1984; Lavoie et Lavoie, 1986; Lyons-Ruth *et al.*, 1986) et l'ensemble du réseau social qui la soutient (Adamakos, Ryan et Ullman, 1986; Crnic et Greenberg, 1987; Crockenberg, 1987; Crockenberg et McCluskey, 1986; Cutrona et Troutman, 1986; Dumas, 1986; Lamb *et al.*, 1986; Stevens, 1988; Weinraub et Wolf, 1987; Zarling, Hirsch et Landry, 1988). Des variables plus spécifiquement reliées à l'enfant, au-delà de celles reliées à des conditions biomédicales particulières, sont également soulignées comme facteurs de protection ou de risque. Il s'agit des caractéristiques comportementales de l'enfant et du sexe de l'enfant (Rutter, 1985, 1987; Werner, 1989, 1993; Werner et Smith, 1982). Ces variables auraient un impact sur les conduites interactives des parents et détermineraient en partie la réactivité de l'enfant aux stimulations environnementales.

Dans l'ensemble des recherches, les auteurs soulignent que les éléments les plus importants de l'environnement du nourrisson sont reliés aux conduites maternelles. L'accent mis sur le rôle de la mère dans le développement et la socialisation du jeune enfant reflète une réalité encore actuelle. Plusieurs études montrent, en effet, que le fardeau parental revient plus à la femme, et particulièrement dans les premiers mois de vie de l'enfant, même lorsqu'elle doit retourner tôt au travail (Barnard *et al.*, 1988; Crockenberg, Lyons-Ruth et Dickstein, 1993; Nock et Kingston, 1988; Scott et Alwin, 1989; Silverstein, 1991). De surcroît, dans les groupes à risque, les pères sont souvent absents. Dans le cas des mères adolescentes, le père est peu présent ou quitte la famille au cours des deux premières années de vie du bébé (Biller, 1993; Bronstein et Cowan, 1988; Jeanneret *et al.*, 1983; Wilkins, Onetto et Frappier, 1981). Les mères de milieu socio-économique défavorisé se retrouvent souvent dans une structure de famille monoparentale (Jutras, 1986). Dans une étude des contextes de vie familiale au cours de la petite enfance, le père ou le conjoint est considéré comme membre de l'écologie familiale.

CHOIX D'UNE DÉMARCHE MÉTHODOLOGIQUE

Notre recherche examine un ensemble de variables à considérer pour tenter de décrire, de comprendre et d'évaluer le contexte de développement de l'enfant au cours de la première année de vie chez une population de mères adultes et adolescentes de milieu socio-économique défavorisé. Ce contexte est comparé à celui d'une population de mères adultes de milieu socio-économique moyen et moyen élevé. Les variables retenues comme éléments du contexte sont les variables *distales* ou plus globales, qui ont un impact indirect sur la vie quotidienne de l'enfant, et les variables *proximales* plus spécifiques, qui contribuent de façon directe à son expérience quotidienne, c'est-à-dire celles qui se rapportent à l'aménagement même de son contexte de vie. L'objet central d'étude est la dyade mère–enfant. L'étude longitudinale (de 1 à 10 mois) permet de relever au niveau des variables distales et proximales les éléments plus ou moins stables, ainsi que leur évolution au cours de ces mois où le répertoire comportemental de l'enfant devient plus diversifié.

Les mères choisies pour l'étude sont primipares et leurs enfants ne présentent aucun risque biomédical particulier à la naissance. Le bassin de population du Département de santé communautaire (DSC) de l'Hôpital Charles-Lemoyne[1] nous a permis de recruter l'ensemble de notre échantillon (N = 209) entre juillet 1989 et septembre 1990 (tableau 1). On note plus de 6 000 naissances par année, dont la moitié de mères primipares. Chez les primipares, 7,5 % sont adolescentes (moins de 19 ans) et 43 % ont 12 années ou moins d'études.

TABLEAU 1

**Naissances vivantes selon le niveau d'instruction
et le groupe d'âge de la mère chez les primipares,
territoire du DSC de l'Hôpital Charles-Lemoyne, 1989**

Niveau d'instruction	Groupe d'âge de la mère		
	≤ 19 ans	20 ans et plus	Total
≤ 12 ans	211	1 326	1 537
> 12 ans	22	1 452	1 474
Inconnu	2	86	88
Total	235	2 864	3 099

Source: Ministère de la Santé et des Services sociaux du Québec. *Registre de la population de la province de Québec, Fichier des naissances – SP1*, 1989. Compilations spéciales, DSC Charles-Lemoyne.

---

1. Depuis la régionalisation de la santé en 1993, le Département de santé communautaire de l'Hôpital Charles-Lemoyne a été intégré à la Direction de la santé publique de la Régie régionale de la santé et des services sociaux de la Montérégie.

Grâce à la collaboration des CLSC du territoire, nous avons réalisé le recrutement selon deux modes, de façon à atteindre le plus large éventail possible de la population répondant à nos critères (revenu annuel inférieur à 24 000 $ ou 20 000 $, fréquentation scolaire de 12 ans ou moins : groupes cibles ; revenu annuel de 30 000 $ et plus, fréquentation scolaire dépassant 12 ans, 20 ans ou plus à la naissance de l'enfant : groupe témoin). Les deux modes de recrutement respectent les exigences déontologiques habituelles : volontariat, confidentialité et anonymat. Le premier mode est assumé par les équipes de périnatalité des six CLSC du territoire. Avant le début du recrutement, les responsables de la recherche rencontrent les infirmières de chacun des CLSC afin de les informer des objectifs et du déroulement de la recherche. Il est convenu avec elles que lors des rencontres prénatales ou postnatales, les infirmières informent les mères de l'existence du projet et leur proposent d'y participer. Les noms des mères qui se montrent intéressées sont transmis à la coordonnatrice du projet. Le deuxième mode consiste à contacter par téléphone toutes les familles pour lesquelles les informations contenues dans les « Avis de naissance » envoyés régulièrement par différents hôpitaux au DSC correspondent aux critères d'inclusion. Lors de l'appel, la coordonnatrice décrit brièvement la recherche. Si la famille contactée satisfait à tous les critères d'inclusion, elle demande à la mère si elle est intéressée à participer. Elle convient ensuite d'un rendez-vous (taux d'acceptation : 70 %). Ces deux modes de recrutement sont complémentaires, les infirmières ne rencontrant pas individuellement toutes les familles, les « Avis de naissance » permettent de retracer celles qui n'auraient pas été identifiées. Une stratégie de soutien des familles et de maintien de la participation (Julien *et al.*, 1992) nous a permis d'assurer un très faible taux de désistement jusqu'à la fin de l'étude (9 %). Le tableau 2 présente la distribution des familles au dixième mois dans la population globale du territoire selon les critères de sélection retenus. À la fin de la collecte de données, les groupes cibles de mères adolescentes et adultes représentent plus de 20 % de la population totale du territoire de mères primipares francophones de bébés nés à terme.

ÉCHANTILLON ET RÉPARTITION DES GROUPES

La recherche comprend trois groupes : deux groupes cibles (total 156 mères et leurs enfants) et un groupe témoin (53 mères et leurs enfants). Au début de la recherche, les groupes cibles sont formés de 65 mères adolescentes (A) (moins de 19 ans) et de 91 mères adultes (C) (moins de 40 ans) de milieu socio-économique défavorisé et de bébés nés à terme. Le groupe témoin (T) est formé de mères adultes de milieu socio-économique moyen

TABLEAU 2

Distribution des familles dans la population du territoire selon les caractéristiques de l'étude

Groupes	Échantillon de la recherche à 10 mois	Population globale du territoire*		Rapport (%) échantillon	
	(N = 189)	A**	B***	sur A	sur B
Cible adolescente	55	193	193	28,5	28,5
Cible adulte	86	421	316	20,4	27,2
Témoin	48	1 130	847	4,2	5,7

Source: Ministère de la Santé et des Services sociaux du Québec. *Registre de la population de la province de Québec, Fichier des naissances – SP1*, 1989. Compilations spéciales, DSC Charles-Lemoyne.

  * Naissances vivantes, primipares, francophones, gestation ≥ 37 semaines, estimé 14 mois.

 ** Estimé sévère: considérant que des familles vivant sous le seuil de pauvreté, 100 % des mères ont 12 ans ou moins de scolarité et, dans des familles vivant au-dessus du seuil de pauvreté, 100 % des mères ont plus de 12 ans de scolarité.

*** Estimé moyen: 75 % de A (pour les adolescentes), les estimés ne changent pas, puisque tout l'effectif est considéré lors de la sélection pour la recherche).

TABLEAU 3

Données sociodémographiques et données physiques mères–bébés des trois groupes

	Cible adolescente N = 65	Cible adulte N = 91	Témoin N = 53
Mères			
Âge	17,7	23,7	27,0
Revenu (< 24 000 $) %	95,3	100,0	0,0
Instruction (années)	9,5	10,2	14,3
État civil:			
Célibataire (%)	96,9	81,3	45,3
Monoparentale (%)	26,1	28,6	1,9
Bébés (à la naissance)			
Âge gestationnel (sem.)	39,5	39,5	39,7
Apgar 5 min.	(N = 61) 9,0	(N = 85) 8,8	(N = 50) 8,8
Poids (g)	3 305,6	3 225,9	3 355,0
Sexe: filles (%)	46,1	57,1	50,9

et moyen élevé et de bébés nés également à terme. Les mères sont primipares, de langue française et d'origine québécoise, avec ou sans conjoint stable, habitant le territoire du DSC Charles-Lemoyne. Les critères d'inclusion pour les bébés sont les suivants : naissance unique, âge gestationnel de 36 à 42 semaines, score Apgar de 7 et plus à la naissance, poids de 2 000 g et plus, et absence de pathologie nécessitant un recours aux soins intensifs.

LES VARIABLES MESURÉES

Les données sont recueillies à la maison (quatre visites à 1, 4, 7 et 10 mois) et au laboratoire (trois visites à 3, 6 et 10 mois) sous forme d'observation systématique, de questionnaires-entrevues et d'auto-observation (journal). Des mesures sont prises plusieurs fois au cours de l'étude, d'autres sont prises une seule fois ; certaines utilisent des instruments déjà existants, d'autres des instruments créés spécialement pour la recherche. Un premier ensemble de mesures sert à décrire le contexte de vie distal et proximal de la famille (mesures descriptives), le second ensemble fournit des indices évaluatifs de la socialisation et du développement psychomoteur de l'enfant (mesures évaluatives). Ce deuxième volet ne sera pas abordé ici. Le tableau 4 indique les moments de collecte des données pour l'ensemble du projet.

Après une brève description des indices retenus pour chaque mesure descriptive, nous nous attarderons plus particulièrement à présenter un aperçu des données colligées à 1 mois et à 3 mois, ainsi qu'à décrire les éléments plus proximaux qui peuvent être identifiés à l'aide des outils mis au point pour la recherche.

MESURES DESCRIPTIVES

– *Renseignements généraux* : une fiche donne de l'information sur : 1) les caractéristiques du bébé à la naissance et à chaque visite (score Apgar, poids, mode d'alimentation, mode de garde, etc.) ; 2) les caractéristiques de la mère (état de santé, statut civil, résidence, etc.). Le niveau d'instruction et le revenu annuel fournissent le profil sociodémographique des participantes. Les mêmes renseignements sont recueillis à propos du père de l'enfant ou des conjoints, et à propos des parents des mères adolescentes.

TABLEAU 4

Instruments de mesure et calendrier des rencontres

	Laboratoire		Laboratoire		Laboratoire		
Maison	1 mois	3 mois	4 mois	6 mois	7 mois	10 mois	10 mois
Mesures descriptives							
– Renseignements généraux et données physiques du bébé	•	•	•	•	•	•	
– Réseau social de soutien: Barrera		•				•	
– Évaluation de la dépression: Carroll		•					
– Connaissances et attitudes: MacPhee	•						
– Perception du nouveau-né: Broussard et Hartner	•						
– Perception du tempérament: Carey				•			
– Environnement (LEN): densité, matériel de jeu	•						•
– Écologie quotidienne (LEN): Journal-bébé et observation instantanée (tél.)	•		•		•		•
– Inventaire des interactions sociales (LEN)	•		•		•	•	
– Tonalité affective (LEN)		•		•			
– Modes interactifs		•		•			
Mesures évaluatives							
– Socialisation: réaction à la personne étrangère, exploration de la personne étrangère et indice de sociabilité (LEN)						•	•
– Développement phychomoteur: Activités bébé Bayley	•		•		•		
							•

– *Réseau social de soutien*: le questionnaire « Mesure de réseau social de soutien » (Barrera, 1980 ; traduit et validé par Lepage, 1984) renseigne sur l'étendue du réseau, la qualité du soutien (matériel et émotionnel), la perception et la satisfaction du soutien. Les mesures sont répétées à deux moments (à 3 et 10 mois) en vue d'examiner l'évolution de la configuration du réseau social au cours de cette période (Orth-Gomér et Undén, 1987).

– *Échelle d'évaluation de la dépression*: l'inventaire de la dépression (Carroll *et al.*, 1981), traduit au Laboratoire d'étude du nourrisson (LEN), renseigne sur l'état psychologique des mères. La mesure s'applique au troisième mois de vie du bébé, moment où peuvent se retrouver des signes de dépression post-partum (Stern et Kruckman, 1983). Cette mesure, associée à celle du soutien social, permet de saisir la situation telle que vécue par la mère.

– *Connaissances et attitudes maternelles*: l'inventaire des connaissances du développement du nourrisson (MacPhee, 1981, traduit au LEN) renseigne sur le niveau des connaissances et les attitudes maternelles. Son intérêt réside dans sa valeur prédictive des comportements maternels (mesure de la sensibilité maternelle aux signaux du bébé ; Ward *et al.*, 1987). Cette mesure est prise une seule fois (à un mois) puisque les connaissances et attitudes changent au fur et à mesure des expériences maternelles.

– *Perception du nouveau-né et du tempérament du nourrisson par la mère*: deux mesures évaluent la façon dont la mère conçoit le tempérament de son enfant. La première, l'échelle de Broussard et Hartner (1970 ; traduite par Houde, 1977), complétée à un mois, estime comment la mère perçoit son bébé par rapport à un bébé moyen. La deuxième, l'échelle de Carey (1970 ; étalonnée au Québec par Maziade *et al.*, 1983), complétée à 6 mois, mesure la perception maternelle du tempérament de son enfant. Les mesures sont prises deux fois pour évaluer l'évolution des perceptions maternelles à des âges où les besoins et demandes de l'enfant changent.

Les renseignements sur les sujets décrits précédemment sont recueillis lors d'une entrevue avec une assistante et au moyen de questionnaires écrits. Dans l'ensemble, ils recouvrent ces éléments que nous avons identifiés comme variables distales décrivant le contexte de vie familiale. Les points suivants, inspirés d'instruments déjà connus, ont été élaborés spécialement pour la recherche. Ils servent à examiner les variables proximales formant le contexte de vie de l'enfant.

– *Inventaire de l'environnement* : nous avons élaboré une grille visant à décrire les éléments physiques et sociaux de l'environnement proximal de l'enfant. Deux aspects sont couverts : la densité domestique (nombre de pièces et nombre de personnes vivant au domicile) et le matériel de jeu disponible (nombre de jouets et autres objets servant aux jeux de l'enfant). Le premier est évalué au premier mois et les modifications éventuelles sont notées à 10 mois. Le second est mesuré au dixième mois, à un moment où l'importance des objets de jeu est encore plus grande pour l'enfant. L'inventaire couvre diverses catégories de jouets favorisant le développement global de l'enfant et les accessoires qui servent aux pratiques éducatives.

– *Écologie quotidienne du bébé* : l'instrument, de type journal, vise à obtenir une image détaillée de la vie quotidienne du bébé tout au long de la journée. La mère (ou la personne gardienne) remplit ce journal à l'aide d'une grille inspirée de Bailey (1987) et de Linn et Horowitz (1983). Le journal recouvre les grandes catégories d'activités de soins, de stimulations sociales et de jeux survenant au cours d'une journée. La notation est faite pendant cinq jours consécutifs à 1, 4, 7 et 10 mois, de façon à savoir comment se déroulent les activités du bébé dans son milieu et comment elles évoluent au cours des mois. On remet le journal-bébé à la mère, dans une enveloppe préaffranchie, lors de la visite à chacun des âges ; la mère le renvoie par la poste. Deux appels téléphoniques (observation instantanée : Edwards *et al.*, 1986) répartis au hasard servent à rappeler aux mères de bien remplir le journal-bébé quotidien et à recueillir de l'information sur les activités en cours au moment de l'appel.

– *Inventaire des interactions sociales* : l'inventaire des interactions sociales, complémentaire de la mesure du réseau social de soutien, vise à obtenir de l'information sur la vie sociale de la dyade et sur les personnes qui contribuent aux soins et aux activités du bébé. Lors des visites à chaque âge, on s'informe des personnes qui sont venues à la maison au cours des deux derniers jours, des personnes rencontrées à l'extérieur, des personnes venues garder le bébé. On note aussi le but de ces rencontres et la satisfaction ressentie. Finalement, on s'informe sur l'identité des personnes qui ont participé aux soins et aux activités du bébé (Bailey, 1987) et la fréquence de leur participation, au cours de la semaine.

– *Tonalité affective de l'interaction* : nous avons élaboré une échelle pour évaluer la tonalité affective de l'interaction mère–enfant par observation des enregistrements vidéo des situations d'interaction à 3 et à 6 mois (face à face sans jouet et jeu/exploration avec jouet) lors des visites au laboratoire (CLSC). Les dimensions retenues concernent les verbalisations maternelles, les contacts physiques, les regards, la contingence des réponses et l'acceptation. Cette mesure s'ajoute à celles concernant la fréquence des activités avec le bébé (journal) et des comportements interactifs observés (mesure non rapportée ici) afin d'obtenir un indice de leur qualité. Il s'agit d'une échelle de type Likert.

DESCRIPTION DES CONTEXTES DE VIE DES BÉBÉS À 1 ET À 3 MOIS

Les analyses des mesures descriptives à 1 et à 3 mois permettent, à ce moment-ci, de montrer la sensibilité des outils et d'illustrer le type de données que l'on obtient. La première démarche d'analyse a servi à comparer les groupes quant aux variables distales et proximales, de façon à décrire les différents contextes de vie des enfants dans les trois conditions. Cependant, l'analyse qui permettra de répondre aux objectifs de la recherche est celle de la variabilité intragroupe et des relations éventuelles entre certaines variables. Au préalable, on peut noter (tableau 3) que les bébés des trois groupes présentent à la naissance des caractéristiques comparables pour ce qui est de l'âge gestationnel, du score Apgar et du poids. Les proportions filles/garçons dans chaque groupe sont à peu près équivalentes.

VARIABLES DISTALES

Parmi les variables distales, trois sont mesurées à 1 mois de vie du bébé et deux à 3 mois.

À 1 MOIS

Données sociodémographiques (fiche de renseignements généraux)

Nous observons au tableau 3 que les mères des groupes cibles, en plus des indices définis par les critères de sélection (revenu, instruction, âge), se distinguent des mères du groupe témoin par une situation monoparentale plus fréquente (26,1 % pour les adolescentes et 28,6 % pour le groupe cible adulte). Cela inclut des situations où elles vivent soit chez leurs parents, soit seules, soit dans d'autres contextes (dans des centres, par exemple). On note aussi chez les mères des groupes cibles une plus grande proportion de célibataires : 45 % des femmes du groupe témoin rapportent être célibataires, comparativement à 81,3 % des femmes adultes du groupe cible et à 96,9 % des adolescentes. Les femmes du groupe témoin sont significativement plus âgées que celles du groupe cible adulte (27 ans contre 23,7 ans).

Connaissances et attitudes maternelles

L'inventaire des connaissances du développement (MacPhee, 1981) comporte 75 énoncés répartis en quatre sous-échelles : normes et indices, principes, parentage, et santé et sécurité. Les groupes ne se distinguent pas dans le pourcentage de réponses inscrites. Dans l'ensemble, les mères répondent à 82 % des énoncés. De façon globale (tableau 5), les pourcentages de réponses exactes (c.-à-d. le nombre de bonnes réponses sur le nombre de bonnes et de mauvaises réponses) et de bonnes réponses (nombre de bonnes réponses sur le nombre de bonnes et de mauvaises réponses, plus les réponses incertaines) sont plus élevés dans le groupe témoin que dans les groupes cibles. L'analyse de chacune des sous-échelles montre que si les groupes ne se distinguent pas au niveau des Principes (17 énoncés portant sur le développement normal et atypique du bébé) ni à celui de la Santé et sécurité (12 énoncés relatifs à l'alimentation du bébé, aux soins à lui donner et à la prévention des accidents), par contre, les mères du groupe témoin ont des pourcentages de réponses exactes et de bonnes réponses supérieurs aux sous-échelles Normes et indices (32 énoncés, dont 20 traitent du comportement du bébé à des âges précis et 12 du comportement de façon plus générale) et Parentage (14 énoncés relatifs aux stratégies éducatives et aux responsabilités parentales).

Perception du nouveau-né

L'échelle de perception du nouveau-né (Broussard et Hartner, 1970) comporte trois parties. Une première présente six énoncés portant sur le bébé moyen. La répondante cote sur une échelle de 1 à 5 (pas du tout, très peu, modérément, passablement, beaucoup) le niveau de difficulté qui, selon elle, décrit le mieux les caractéristiques d'un bébé (à propos des pleurs, de l'alimentation, des problèmes de régurgitation, du sommeil, de l'élimination et de la régularité de l'horaire). Une cote élevée indique un niveau élevé de difficulté. La deuxième partie reprend les mêmes énoncés, mais cette fois en faisant référence à son propre bébé. La différence obtenue entre les deux (c.-à-d. la cote du bébé moyen moins celle de son bébé) fournit une donnée comparative des perceptions des mères de leur propre bébé par rapport à leur perception d'un bébé moyen. La troisième partie évalue sur une échelle de 0 à 3 le niveau de souci ressenti face aux soins routiniers à donner à son bébé pour les mêmes énoncés. Les analyses montrent que globalement les groupes de mères ne se distinguent pas dans leurs cotes moyennes (voir tableau 6).

TABLEAU 5

Réponses à l'Inventaire des connaissances du développement du nourrisson (visite 1 mois)

	Cible adoles- cente N = 65	Cible adulte N = 91	Témoin N = 53	F (2,206)	Compa- raison Scheffé
Ensemble des quatre sous-échelles					
Réponses exactes (%)	77,3	77,5	81,4	5,22**	T > A,C
Bonnes réponses (%)	63,7	63,6	68,0	3,56*	T > C
Normes et indices					
Réponses exactes (%)	69,9	70,3	74,3	3,15*	
Bonnes réponses (%)	55,9	56,2	60,5	2,61†	
Réponses sous-estimées (n^{bre})	2,3	1,9	2,2	1,56	
Réponses sur-estimées (n^{bre})	3,4	3,3	2,7	2,22	–
Principes					
Réponses exactes (%)	78,7	76,6	79,7	<1	
Bonnes réponses (%)	62,4	60,2	63,7	<1	
Parentage					
Réponses exactes (%)	76,2	78,6	85,6	9,06***	T > A,C
Bonnes réponses (%)	68,2	71,3	79,1	8,97***	T > A,C
Santé et sécurité					
Réponses exactes (%)	84,3	84,4	86,0	<1	
Bonnes réponses (%)	68,3	66,8	68,6	<1	

* $p < 0,05$; ** $p < 0,01$; *** $p < 0,001$; † $p < 0,08$.

Pour l'ensemble des mères, les réponses données indiquent des niveaux intermédiaires de difficulté perçue chez le bébé moyen ($M = 14,9$) et chez leur propre bébé ($M = 13,8$; score minimal possible : 6, maximal : 30). Les indices de souci sont bas, n'atteignant jamais 2 (échelle de 1 à 4). Par ailleurs, on note chez 65 mères de l'échantillon total (31,25 %) un score de différence négatif entre le niveau de difficulté du bébé moyen et celui de leur propre bébé. Un score négatif indique que la mère perçoit son propre bébé comme plus difficile que le bébé moyen. Les scores négatifs vont de –1 chez 12 mères à –10 chez 3 mères. Selon Broussard (1976), cela pourrait prédire des difficultés ultérieures éventuelles chez l'enfant. Les scores négatifs se répartissent dans les trois groupes de façon équivalente :

TABLEAU 6

Moyenne des scores à l'échelle de Perception du nouveau-né dans les trois groupes (visite 1 mois)

	Cible adolescente N = 65	Cible adulte N = 90	Témoin N = 53	F (2,205)	Comparaison Scheffé
Bébé moyen	14,9	14,6	15,1	<1	
Votre bébé	13,5	13,7	14,1	<1	
Score de différence	1,4	0,9	1,1		
négatif (%)	30,8	33,3	28,3	<1	
Soucis :					
Pleurs	1,2	1,2	1,5	1,89	
Alimentation	0,9	0,9	1,1	<1	
Régurgitation	1,1	1,2	1,3	<1	
Sommeil	0,7	0,6	0,8	1,99	
Élimination	1,2	0,9	0,7	3,37*	
Horaire	0,7	0,8	1,0	1,21	A > T

* $p < 0,05$.

15 dans le groupe témoin (28,3 %) et 50 dans les groupes cibles, dont 20 chez les adolescentes (30,8 %) et 30 chez les adultes (33,3 %).

À 3 MOIS

Réseau social de soutien

Le questionnaire de mesure du réseau social de soutien (Barrera, 1980 ; tableau 7) fournit des indices sur le réseau de soutien potentiel et réel pour chacune des six formes d'aide identifiées (aide matérielle, assistance physique, interaction intime, guidance, rétroaction, socialisation) et pour leur ensemble. Treize types de mesures sont obtenus :

1. La grandeur potentielle de la forme d'aide concerne l'ensemble des personnes identifiées par la répondante au moins une fois comme personne susceptible de fournir du soutien pour chacune des six formes d'aide ;

2. La grandeur du réseau de soutien potentiel fait le total des mêmes personnes pour l'ensemble des six formes d'aide ;

3. La grandeur du réseau conflictuel potentiel indique l'ensemble des membres du réseau de soutien potentiel identifiés comme source de conflit interpersonnel;

4. La grandeur du réseau non-conflictuel potentiel donne un indice de la différence entre la grandeur du réseau de soutien potentiel et la grandeur du réseau de soutien conflictuel potentiel;

5. La grandeur de la fonction fait référence à l'ensemble des personnes identifiées au moins une fois comme personnes susceptibles de fournir du soutien ou ayant fourni du soutien au cours des deux dernières semaines, pour chacune des formes d'aide;

6. La grandeur réelle de la forme d'aide indique l'ensemble des personnes identifiées au moins une fois comme personnes ayant fourni du soutien au cours des deux dernières semaines, pour chacune des formes d'aide;

7. La grandeur du réseau de soutien réel l'indique pour l'ensemble des formes d'aide;

8. La grandeur du réseau conflictuel réel concerne l'ensemble des membres du réseau de soutien réel identifiés comme source de conflit interpersonnel au cours des deux dernières semaines;

9. La grandeur du réseau non conflictuel réel indique la différence entre le réseau de soutien réel et le réseau de soutien conflictuel réel;

10. Le besoin de soutien fournit un score de besoin variant de 1 à 5, tel que perçu par la répondante, pour chacune des six formes d'aide reçue au cours des deux dernières semaines;

11. Le total pour le besoin de soutien fait la moyenne des six scores obtenus précédemment;

12. La satisfaction du soutien indique, par un score variant de 1 à 5, la satisfaction de la répondante pour chacune des six formes d'aide reçue au cours des deux dernières semaines;

13. Le score total pour la satisfaction du soutien fait la moyenne des six scores précédents.

Les analyses indiquent des différences entre les groupes à certaines de ces mesures (voir tableau 7).

TABLEAU 7

Moyenne des réponses à la Mesure du réseau social de soutien dans les trois groupes (visite 3 mois)

	Cible adolescente N = 55	Cible adulte N = 85	Témoin N = 48	F (2,185)	Comparaison Scheffé
1. Grandeur potentielle de la forme d'aide					
Aide matérielle	3,8	5,0	4,7	1,43	
Assistance physique	3,3	3,5	4,3	1,99	
Interaction intime	2,4	2,5	3,2	4,54**	T > A,C
Guidance	3,0	3,3	3,8	< 1	
Rétroaction	3,3	3,2	3,8	< 1	
Socialisation	3,7	3,4	5,1	5,28**	T > C
2. Grandeur du réseau de soutien potentiel	9,3	10,4	12,1	4,03*	T > A
3. Grandeur du réseau conflictuel potentiel	1,1	1,0	0,8	1,05	
4. Grandeur du réseau non conflictuel potentiel	8,2	9,4	11,2	5,33**	T > A
5. Grandeur de la fonction					
Aide matérielle	4,7	5,5	6,2	1,62	
Assistance physique	4,2	4,1	5,1	2,02	
Interaction intime	2,8	2,9	3,9	6,75***	T > A
Guidance	3,7	3,9	5,0	1,84	
Rétroaction	3,8	3,8	4,7	1,09	
Socialisation	6,5	5,9	9,8	9,25***	T > A,C
6. Grandeur réelle de la forme d'aide					
Aide matérielle	1,7	1,5	2,2	1,51	
Assistance physique	2,1	2,2	2,6	1,17	
Interaction intime	1,7	1,7	2,7	8,44***	T > A,C
Guidance	1,9	1,9	2,3	<1	
Rétroaction	2,0	2,0	2,6	1,95	
Socialisation	5,1	4,2	7,3	8,06***	T > A,C
7. Grandeur du réseau de soutien réel	8,9	7,8	11,1	8,12***	T > A,C
8. Grandeur du réseau conflictuel réel	1,1	0,8	0,8	2,26	

TABLEAU 7

Moyenne des réponses à la Mesure du réseau social de soutien dans les trois groupes (visite 3 mois) *(suite)*

	Cible adoles-cente N = 55	Cible adulte N = 85	Témoin N = 48	F (2,185)	Compa-raison Scheffé
9. Grandeur du réseau non conflictuel réel	7,7	7,0	10,3	9,41***	T > A,C
10. **Besoin de soutien**					
Aide matérielle	2,2	2,0	1,5	3,70*	T < A
Assistance physique	2,8	2,6	2,9	<1	
Interaction intime	2,9	2,9	2,8	<1	
Guidance	2,7	2,5	2,5	<1	
Rétroaction	2,6	2,7	2,5	<1	
Socialisation	3,4	3,1	3,3	<1	
11. Total pour le besoin de soutien	2,8	2,7	2,6	<1	
12. **Satisfaction du soutien**					
Aide matérielle	4,3	4,1	4,8	4,79**	T > C
Assistance physique	4,0	3,9	4,2	<1	
Interaction intime	4,3	4,1	4,2	<1	
Guidance	4,3	4,2	4,4	<1	
Rétroaction	3,9	4,0	4,1	<1	
Socialisation	3,8	3,8	3,8	<1	
13. Total pour la satisfaction du soutien	4,1	4,0	4,2	1,00	

* $p < 0,05$; ** $p < 0,01$; *** $p < 0,001$.

Tant au niveau de la grandeur potentielle que de la grandeur réelle et pour la combinaison des deux (grandeur de la fonction), les mères du groupe témoin rapportent un plus grand réseau de soutien, en particulier pour l'interaction intime et la socialisation. C'est au niveau du réseau non conflictuel potentiel et réel qu'elles se distinguent des autres. Par ailleurs, leur besoin de soutien en aide matérielle est moins grand que celui des mères adolescentes et elles ont un indice de satisfaction plus élevé que les mères du groupe cible adulte à ce sujet (aide matérielle).

Indice de dépression

L'échelle d'évaluation de la dépression (Carroll *et al.*, 1981) comporte 52 énoncés relatifs à des états physiques, comportementaux et cognitifs. La répondante indique si l'énoncé correspond ou non à ce qu'elle ressent (oui – non). Le score total obtenu par l'addition des scores de chacun des énoncés peut varier de 0 à 52. Un score élevé indique un niveau élevé de dépression. Selon l'étude de fiabilité et de validité de l'échelle, la population en général obtient un score moyen de 4,6 (Carroll *et al.*, 1981). Un score supérieur à 10 serait indicateur d'un état dépressif. L'analyse de la variance révèle une différence entre les groupes, $F (2,185) = 5,97$, $p < 0,01$. Les mères du groupe témoin obtiennent le score le plus bas (A : 11,56, C : 9,93, T : 7,17). Au test de Scheffé, les mères adolescentes se distinguent des mères du groupe témoin. Par ailleurs, les scores assez élevés des trois groupes, comparativement au score moyen de 4,6, semblent être associés au moment de passation de l'échelle, lorsque le bébé est âgé de trois mois. Les mères ont peut-être encore certaines difficultés reliées à la période postnatale et aux débuts d'une adaptation à leur nouveau rôle (par exemple, manque d'énergie, perte de poids, absence d'intérêts, difficulté de sommeil, sensation de fatigue).

VARIABLES PROXIMALES

Les variables qui agissent directement sur l'enfant renvoient aux aspects spécifiques, physiques et sociaux de son milieu de vie. Pour ces variables, nous avons élaboré des outils pour mesurer l'environnement physique (type de logement où habite la famille) et l'environnement social (densité, écologie quotidienne, interactions sociales et tonalité affective dans la dyade). Le mode d'alimentation de l'enfant est retenu comme une variable à la frontière des deux aspects (physique et social). Certaines de ces variables sont mesurées de façon répétée à chaque visite afin d'identifier les éléments plus ou moins stables du contexte ainsi que leur évolution au cours des mois. La tonalité affective est observée lors des visites au laboratoire à 3 et à 6 mois.

L'ENVIRONNEMENT PHYSIQUE

Les mesures de l'environnement physique portent sur le type de maison habitée par la famille, le mode de propriété, le nombre de pièces dans la maison et l'espace réservé à l'enfant. Ces données apparaissent au tableau 8. Comparativement aux mères des groupes cibles, on note qu'une bonne proportion des mères du groupe témoin habitent une maison unifamiliale et sont propriétaires. Les habitations des mères du groupe cible adulte

TABLEAU 8

Type de logement dans les trois groupes (visite 1 mois)

	Cible adolescente N = 65	Cible adulte N = 91	Témoin N = 53	
Type de maison (%)				
Maison unifamiliale	23,1	15,4	45,3	
Jumelé	6,1	12,1	5,7	χ^2
Immeuble	70,8	72,5	49,1	*
Mode de propriété (%)				
Propriétaire	0,0	4,4	43,4	
Locataire	100,0	95,6	56,6	**
Nombre de pièces	5,7	4,7	5,7	F 6,71*
Densité N^{bre} de personnes / n^{bre} de pièces	0,74	0,71	0,57	14,31**
Chambre d'enfant (%)				
Oui	56,9	64,8	94,3	χ^2
Non	43,1	35,2	5,7	**
Enfant dort (%)				
Dans la chambre des parents	61,5	50,6	24,5	
Dans sa chambre ou ailleurs	38,5	49,4	75,5	**

* $p < 0,01$; ** $p < 0,001$.

comportent le moins grand nombre de pièces. Les enfants du groupe témoin possèdent pour la plupart une chambre à eux et dorment moins dans la chambre de leur parent, ce qui les distingue des autres.

L'ENVIRONNEMENT SOCIAL : DENSITÉ

La variable densité est, bien sûr, reliée au type de logement. Si les mères adolescentes ne se différencient pas des mères du groupe témoin dans le nombre de pièces habitées, on note que la densité de personnes qui habitent un même lieu est différente (voir tableau 8). Les mères du groupe témoin vivent dans des logements moins densément peuplés que les mères des groupes cibles.

L'ENVIRONNEMENT SOCIAL : ÉCOLOGIE QUOTIDIENNE
(JOURNAL-BÉBÉ, OBSERVATION INSTANTANÉE)

L'écologie quotidienne évaluée à l'aide du journal-bébé (figure 1) recouvre six grandes catégories d'activités du bébé survenant au cours de la journée : dormir, jouer seul, recevoir des soins, être pris dans les bras, jouer avec quelqu'un, jouer en présence de quelqu'un. La catégorie Dormir fait référence aux moments où l'enfant dort dans son lit ou ailleurs, excluant les moments où il dort dans les bras de quelqu'un. Jouer seul signifie que l'enfant est éveillé, mais que personne n'intervient dans son activité ; il s'occupe seul. Recevoir des soins implique qu'une personne est avec l'enfant et le nourrit, l'habille ou autre. La catégorie Être pris dans les bras fait référence à un contact physique direct avec quelqu'un ; l'enfant est tenu dans les bras ou sur les genoux de quelqu'un pour différentes activités (bercer, dormir, jouer, soigner). Jouer avec quelqu'un indique les moments d'interaction active avec une personne, autres que les moments pour les soins (jeux vocaux, jeux moteurs, jeux perceptifs). La catégorie Jouer en présence de quelqu'un renvoie aux moments où l'enfant éveillé se trouve assez près d'une autre personne, qui le voit et peut intervenir à l'occasion, mais qui n'interagit pas directement et activement avec lui. Le journal comporte aussi une case Promenade, où la répondante note les sorties et leur durée approximative, ainsi qu'un Thermomètre pour donner un indice d'appréciation de la journée (de bonne à mauvaise). Finalement, un espace réservé aux Commentaires permet à la répondante d'inscrire des éléments additionnels à propos d'événements particuliers pouvant avoir influencé la journée. La répondante trace sur le journal, pour chacune des catégories et à chaque jour (pendant cinq jours), les indices temporels correspondant aux 24 heures de la journée. L'échelle temporelle couvre toutes les heures, de minuit à minuit, par intervalles de 15 minutes. Des activités brèves (d'une durée inférieure à 15 minutes) sont indiquées par un trait au-dessus de la colonne appropriée.

L'observation instantanée (figure 2) réalisée lors de deux appels téléphoniques au cours des cinq jours de notation du journal-bébé relève les activités en cours immédiatement avant l'appel : où est le bébé, son état, la présence et la proximité des personnes, l'activité des personnes, l'identité du gardien ou de la gardienne, la présence de visiteurs.

La compilation des données du journal-bébé donne une mesure de la fréquence et de la durée de chaque catégorie d'activités à chaque jour et à chaque âge. Les catégories Recevoir des soins, Être pris dans les bras et Jouer avec quelqu'un peuvent survenir simultanément. Ces catégories sont cotées de façon à donner une priorité à l'activité sociale (p. ex. : Recevoir des soins et Être dans les bras → Recevoir des soins ; Recevoir des soins

FIGURE 1
Journal-bébé

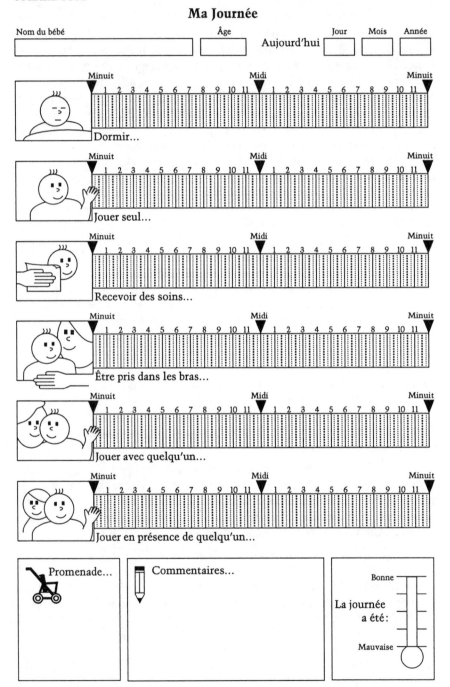

FIGURE 2

Fiche d'observation instantanée

OBSERVATION INSTANTANÉE (appel téléphonique)

Nom de l'agent : _____ Code: _____

Date : _____ Jour : _____ N° de l'appel : _____

Heure : _____

Identité de la personne qui répond : _____

Où est l'enfant ?	Dans la maison : Dans quelle pièce ?	À l'extérieur : Où ?
État de l'enfant.	Sommeil : Éveil :	Pleurs : Inconnu :

Qui est avec l'enfant ?	L'enfant est seul :
	 Dans la même pièce que :
	   sa mère :
	   son père :
	   un grand-parent :
	   autre :
		Que fait-il ?
		 Dans les bras de :
		   sa mère :
		   son père :
		   un grand-parent :
		   autre :

Que fait la personne qui est en charge de l'enfant ?	Soigne l'enfant : le lave : le change : l'habille : le nourrit : le berce : s'amuse avec lui : autre :	
	S'occupe d'elle-même : se repose : étudie : lit : regarde la télé : autre :	
	S'occupe de la maison :	
Qui garde l'enfant ?	La mère : Un grand-parent : Le père : Un adolescent ou adulte familier : Un adolescent ou adulte étranger :	
Autres personnes (visiteurs) Enfant/Adulte	Qui ? Que font-elles (ils) avec l'enfant ?	

et Jouer avec quelqu'un → Jouer avec quelqu'un; Jouer avec quelqu'un et Être dans les bras → Jouer avec quelqu'un). La fiche de compilation regroupe les moments où il y a interaction sociale et les moments sans interaction sociale. Pour ce qui est des interactions sociales, on retrouve la catégorie utilitaire (Recevoir des soins), le jeu (Jouer avec quelqu'un) et le contact (Être dans les bras). Les moments sans interaction incluent les catégories Dormir, Jouer seul, et Jouer en présence de quelqu'un. Deux regroupements additionnels ont été créés pour noter les moments où l'enfant reçoit des soins alors qu'il se trouve dans les bras de quelqu'un (Bras-soins) et les moments où il joue avec quelqu'un et se trouve dans ses bras (Bras-jeu). Finalement, la fiche de compilation permet de noter les périodes où l'activité en cours n'est pas identifiée (la répondante n'a rien indiqué dans le journal pendant un ou des espaces temporels) et les périodes où il y a superposition d'activités incompatibles (p. ex. : Être pris dans les bras et Jouer seul). Ces deux éléments fournissent des indices de fiabilité de l'utilisation du journal par la répondante.

Afin d'examiner la pertinence d'utilisation d'un instrument de ce type, nous avons évalué chez un échantillon au hasard de la population à l'étude (N = 88, 68 mères des groupes cibles et 20 du groupe témoin) le pourcentage de journaux complétés à 1, 4, 7 et 10 mois, le pourcentage de participantes ayant complété les journaux aux quatre âges et l'accord entre l'appel et les notations au journal (Leroux *et al.*, 1993). Les résultats de ces analyses montrent que 82 % (223 sur 272) des journaux des groupes cibles et 89 % (71 sur 80) de ceux du groupe témoin sont complétés. En outre, 66 % des mères des groupes cibles et 78 % des mères du groupe témoin ont rempli tous les journaux à tous les âges. La comparaison des données du journal avec celles relevées lors des appels retrace deux types de désaccord possibles : désaccord quand il n'y a pas de réponse à l'appel alors que le journal n'indique pas de sortie (quoique cette donnée puisse être compatible avec le fait que la personne, tout en étant présente, choisit de ne pas répondre) et désaccord entre la notation au journal et l'information relevée lors de l'appel. Ces réserves énoncées, le pourcentage d'accord demeure très élevé à 90,6 %.

Les compilations du journal-bébé réalisées à ce jour portent sur les durées et les fréquences des activités à 1 mois. La comparaison des groupes indique une différence dans la durée et la fréquence dans l'activité Recevoir des soins et dans l'activité combinée Bras-soins. Le groupe témoin consacre plus de temps à ces activités que les autres. On remarque de plus que si les durées de sommeil ne sont pas différentes entre les groupes, le nombre de périodes de sommeil est toutefois plus élevé chez les bébés du groupe témoin (voir tableau 9).

TABLEAU 9

Durée (en minutes) et fréquence des activités quotidiennes du journal-bébé à 1 mois dans les trois groupes

	DURÉE				
	Cible adoles- cente N = 53	Cible adulte N = 77	Témoin N = 50	F (2,177)	Compa- raison Scheffé
Dormir	848,6	849,7	811,5	2,14	
Jouer seul	29,5	33,8	36,5	<1	
Recevoir des soins	239,2	247,6	296,4	7,64**	T > A,C
Être pris dans les bras	123,0	111,5	133,1	1,09	
Jouer avec quelqu'un	86,5	81,7	73,7	<1	
Jouer en présence de quelqu'un	64,9	62,3	49,2	<1	
Bras et soins	167,6	184,5	243,2	6,12*	T > A,C
Bras et jeu	36,6	32,0	29,9	<1	
	FRÉQUENCE				
Dormir	5,4	5,4	6,2	7,14*	T > A,C
Jouer seul	1,1	1,3	1,4	<1	
Recevoir des soins	5,6	5,9	6,9	10,45**	T > A,C
Être pris dans les bras	2,8	2,7	3,3	1,81	
Jouer avec quelqu'un	2,3	2,3	2,5	<1	
Jouer en présence de quelqu'un	1,5	1,6	1,7	<1	
Bras et soins	4,0	4,2	5,8	8,29**	T > A,C
Bras et jeu	1,0	1,0	1,2	<1	

* $p < 0,01$; ** $p < 0,001$.

L'ENVIRONNEMENT SOCIAL :
INVENTAIRE DES INTERACTIONS SOCIALES

L'inventaire des interactions sociales (IIS) comporte deux parties (figures 3 et 4). La première fait le relevé des contacts sociaux de la dyade mère-enfant au cours des deux jours précédant la visite. L'inventaire vise à déterminer le lien entre les personnes et la dyade (parent, ami, professionnel), le sexe des personnes et leur catégorie d'âge (enfant, adolescent, adulte). Il examine aussi à qui surtout s'adresse le contact (mère, bébé, les deux), qui en a pris l'initiative, quel en était le motif (plaisir, obligation, travail), où a eu lieu la rencontre, sa durée approximative et le degré de satisfaction ressentie (échelle de −2 à +2 : très insatisfaite à très satisfaite). On demande aussi à la répondante si les contacts rapportés pour ces deux jours reflètent la situation générale du dernier mois. La mesure répétée à chaque âge permet d'examiner la stabilité de la vie sociale de la dyade au cours des mois. Cet inventaire rend compte des contacts de la dyade, sans faire référence à la notion de soutien. L'exercice de rappel ne couvrant que les deux jours avant la visite assure une meilleure fidélité de l'information obtenue. L'inventaire permet d'évaluer le nombre et la diversité des personnes cotoyées par la dyade pendant cette période.

FIGURE 3

Inventaire des interactions sociales (1ʳᵉ partie)

INVENTAIRE DES INTERACTIONS SOCIALES
DE LA DYADE MÈRE–ENFANT

Code: _____

1. INTERACTION SOCIALE

Nous nous intéressons à ce qui se passe autour de vous et de votre bébé. Pouvez-vous nous dire quelles sont les personnes que vous ou votre bébé avez rencontrées au cours des deux derniers jours ou avec qui vous avez parlé au téléphone?

L'interviewer note tous les contacts réalisés au cours des deux jours précédant la visite.

1. Conjoint-père	5. Famille de la mère	9. Garderie
2. Mère de la mère	6. Ami(e)s	10. Agents sociaux
3. Père de la mère	7. Professionnels de la santé	11. Autres
4. Famille du conjoint	8. Gardienne	

Initiales de la personne, sexe (M-F), âge (E-Ado-Adu) N de pers. N de groupes	Pour qui? Bébé (B) Mère (M) Les deux (D)	L'initiative? Mère (M) Autres (A) Aucun (N)	Où?	Pour quel motif?	Combien de temps?	Satisfaction −2 à +2

La deuxième partie de l'inventaire fait le relevé des personnes qui ont participé aux soins et aux activités du bébé au cours de la semaine (figure 4). Dix-huit activités sont inventoriées : nourrir, changer la couche, baigner, habiller, mettre au lit, lever, discipliner-éduquer, promener (à l'extérieur), parler-raconter des histoires, passer du temps avec, jouer ou faire de l'exercice, répondre aux pleurs la nuit, conduire à la garderie-gardienne, ramener de la garderie, garder à la maison, garder lorsque malade, soigner lorsque malade, conduire chez le médecin ou à la clinique. La répondante indique le lien entre la personne et la dyade (parent, ami, professionnel) et la fréquence de la participation (toujours ou presque, régulièrement, soit une fois par jour, à l'occasion).

Les données de l'inventaire indiquent qu'en moyenne les mères ont des contacts avec neuf personnes au cours des deux jours précédant la visite à 1 mois. La moitié des contacts ont lieu à l'extérieur du domicile familial. Les contacts à domicile consistent soit en la visite d'autres personnes (M = 2,5), soit en appels téléphoniques (M = 2,8). Le motif des contacts est surtout de nature sociale et dirigé vers la mère et le bébé plutôt que vers l'un ou l'autre. Cependant, la valeur des écarts types est souvent plus grande que les valeurs moyennes de chaque groupe. Cela signale une grande variabilité interindividuelle dans les données. La seule différence significative entre les groupes montre que, comme on peut le supposer, les mères adolescentes ont des contacts plus fréquents avec d'autres adolescentes et adolescents que les mères des autres groupes (A : 0,64, C : 0,22, T : 0,04 ; F (2,204) = 8,09, p < 0,001).

Pour les soins prodigués au bébé, la prise en charge par les mères (nourrir, changer la couche, baigner, etc.) ne distingue pas les groupes. En moyenne, 68 % des mères font toujours seules les activités de soins avec leurs nourrissons de 1 mois. Chez certaines familles (18 %), les soins essentiels sont donnés de façon assez équivalente par la mère et le conjoint. Cependant, la participation régulière des conjoints du groupe témoin est plus grande que celle des autres groupes pour l'activité « changer la couche » (A : 41,7 %, C : 35 %, T : 65,4 % ; p < 0,01). De plus, une plus grande proportion des conjoints des groupes cibles, comparativement à ceux du groupe témoin, ne participent jamais aux activités « baigner l'enfant » (A : 68,7 %, C : 73,4 %, T : 51,9 % ; p < 0,05), « changer la couche » (A : 18,7 %, C : 25,0 %, T : 8,0 % ; p < 0,05) et « mettre au lit » (A : 41,2 %, C : 17,2 %, T : 1,9 % ; p < 0,01). Finalement, c'est dans le groupe de mères adolescentes que les grands-mères prennent un peu plus la relève pour changer les couches (A : 37,5 %, C : 18,7 %, T : 17,3 % ; p < 0,05).

FIGURE 4

Inventaire des interactions sociales (2ᵉ partie)

2. AIDE POUR LES SOINS AU BÉBÉ

Au cours de la semaine, qui a fait ces activités avec votre bébé?

1. Mère
2. Conjoint-père
3. Mère de la mère
4. Famille

5. Ami(e)s
6. Gardienne
7. Professionnels
8. Autre(s), décrire

À quelle fréquence?

a. Toujours
b. Régulièrement (1 fois par jour)
c. À l'occasion

Activités	Inscrire qui et la fréquence dans chaque colonne			
1. Nourrir le bébé.				
2. Changer les couches.				
3. Baigner le bébé.				
4. Habiller le bébé.				
5. Mettre le bébé au lit.				
6. Lever le bébé le matin.				
7. Discipliner et éduquer le bébé.				
8. Aller se promener avec le bébé (au parc, au magasin, avec une amie, etc.)				
9. Parler au bébé, raconter des histoires.				
10. Passer du temps tranquille avec le bébé.				
11. Jouer ou faire de l'exercice avec le bébé.				
12. Soigner le bébé lorsqu'il pleure la nuit.				
13. Reconduire le bébé à la garderie ou chez la gardienne.				
14. Aller le chercher à la garderie ou chez la gardienne.				
15. Le garder à la maison.				
16. Le garder quand il est malade (pour bébé en garderie).				
17. Soigner le bébé lorsque malade.				
18. Conduire le bébé chez le médecin ou à la clinique.				

L'ENVIRONNEMENT SOCIAL :
TONALITÉ AFFECTIVE DANS LA DYADE

L'évaluation de la tonalité affective dans la dyade porte sur cinq aspects des comportements de la mère avec son nourrisson pour chacune des situations d'interaction à 3 mois (face-à-face et jeu) : les verbalisations, les contacts physiques, les regards, la contingence des réponses et l'acceptation (voir figure 5). Chaque aspect est évalué sur une échelle de 0 à 2. Pour les verbalisations, l'observatrice note le ton de la voix (froid, neutre, chaleureux), le contenu (critique, commentaire, compliment) et la fréquence (rare, occasionnelle, fréquente ; score maximal : 6) lorsque la mère s'adresse à son enfant au cours de l'entrevue.

Les contacts physiques renvoient à la proximité (distante, modérée, proche) et à la qualité du contact avec le bébé (passif, calme/neutre, affectueux ; score maximal : 4). En ce qui concerne les regards dirigés vers lui, on évalue leur fréquence (rares, occasionnels, fréquents) et l'expression faciale qui les accompagne (négative, neutre, positive ; score maximal : 4). La contingence des réponses évalue le délai de réponse (lent, moyen, rapide) et la pertinence (rarement, parfois, souvent ; score maximal : 4) quand la mère répond à des comportements ou à des demandes de l'enfant. L'acceptation de l'enfant indique jusqu'à quel point la mère a une attitude positive à l'égard des conduites de l'enfant (rejet, avec réserve, acceptation totale ; score maximal : 2). Chaque aspect fournit un score. L'addition des scores des cinq aspects donne un score total de tonalité affective (maximum 20). Un score moyen sur l'ensemble des deux situations d'interaction est calculé. Dans certains cas, il n'est pas possible de coter un intervalle (par exemple, la mère ne parle pas assez fort ou, encore, le bébé pleure). L'observatrice indique « non applicable » à cet intervalle. Les scores moyens sont calculés par rapport au nombre d'intervalles cotés.

Les analyses montrent des différences entre les groupes au score total et à l'aspect Contact et, de façon marginale, aux aspects Verbalisations et Acceptation. Les mères du groupe témoin ont des scores de tonalité affective légèrement plus élevés (voir tableau 10).

ENVIRONNEMENT SOCIAL ET PHYSIQUE : MODE D'ALIMENTATION

Un élément du contexte quotidien de l'enfant dans les premiers mois concerne le mode d'alimentation choisi par la mère. Celui-ci peut varier entre l'allaitement au sein uniquement, l'allaitement au sein combiné à l'allaitement avec lait maternisé, l'allaitement avec lait maternisé uniquement, l'utilisation de lait pasteurisé commercial et de solide. Le tableau 11 présente le pourcentage de bébés nourris au sein (uniquement

FIGURE 5
Tonalité affective dans la dyade

LA TONALITÉ AFFECTIVE DE LA DYADE MÈRE–ENFANT

Code: _____ Date: _____

Âge du bébé: _____

Catégories	Cotation		Notes
VERBALISATIONS : OUI : ____ NON : ____	Jeu	Face-à-face	
1) ton de la voix (0 froid, 1 neutre, 2 chaleureux)			
2) contenu (0 critique, 1 commentaire, 2 compliment)			
3) fréquence (0 rare, 1 occasionnelle, 2 fréquente)			
TOTAL :			
LES CONTACTS PHYSIQUES			
1) proximité (0 distante, 1 modérément près, 2 près)			
2) qualité (0 passive, 1 neutre, 2 active)			
TOTAL :			
LES REGARDS			
1) fréquence (0 aucun ou rare, 1 occasionnel, 2 fréquent)			
2) expressions faciales (0 négative, 1 neutre, 2 positive)			
TOTAL :			
CONTINGENCE DES RÉPONSES			
1) délai (0 aucun ou lent, 1 moyen, 2 rapide)			
2) pertinence (0 aucune ou rarement, 1 parfois, 2 souvent)			
TOTAL :			
ACCEPTATION			
(0 rejet, 1 avec réserve, 2 totale)			
TOTAL :			
SCORE TOTAL :	NOM DE L'AGENT :		

TABLEAU 10

Moyenne des scores à l'Évaluation de la tonalité affective dans les trois groupes à 3 mois

	Cible adoles-cente N = 54	Cible adulte N = 82	Témoin N = 46	F (2,179)	Compa-raison Scheffé
Verbalisations	4,8	4,8	4,9	2,54	
Contacts physiques	3,7	3,8	3,9	2,99*	–
Regards	3,6	3,7	3,7	2,52	
Contingence	3,7	3,6	3,8	1,65	
Acceptation	1,8	1,9	1,9	2,53†	
Total	17,5	17,7	18,3	4,42*	T > A

* $p < 0,05$; † $p < 0,08$.

TABLEAU 11

Pourcentage d'allaitement au sein à la naissance, à 1 et à 3 mois dans les trois groupes

	Cible adolescente N = 65	Cible adulte N = 91	Témoin N = 53	χ^2
À la naissance				
Nourri au sein (%)				
oui	36,9	29,7	73,6	*
non	63,1	70,3	26,4	
À 1 mois				
Nourri au sein (%)				
oui	24,6	22,0	52,8	*
non	75,4	78,0	47,2	
À 3 mois	N = 55	N = 85	N = 49	
Nourri au sein (%)				
oui	20,0	10,6	42,9	*
non	80,0	89,4	57,1	

* $p < 0,001$.

ou combiné) dans les trois groupes, de la naissance à 3 mois. Les bébés du groupe témoin ont plus que les autres l'expérience de l'allaitement au sein. Les mères adolescentes tendent aussi à choisir ce mode d'allaitement plus que les mères adultes du groupe cible (cette tendance se maintient jusqu'à 10 mois). Par ailleurs, quelques mères des groupes cibles donnent du lait pasteurisé à la naissance (A : 1,5 %, C : 4,4 %) et subséquemment à 1 et à 3 mois (A : 9,1 %, C : 11,8 %). Les solides sont introduits par certaines mères dès le premier mois (A : 4,6 %, C : 2,2 %, T : 1,9 %).

Divers éléments plus ou moins reliés

L'ensemble des mesures examinées dans cette étape préliminaire d'analyse fait ressortir des éléments de différenciation des contextes de vie des bébés des trois groupes (voir tableau 12). Les mères de milieu socio-économique défavorisé, adolescentes ou adultes, présentent des contextes assez similaires qui les différencient souvent des mères de milieu plus favorisé, tant au regard des variables distales que proximales. Ces caractéristiques d'une population québécoise évoquent celles des populations anglo-saxonnes et américaines des recherches citées. L'identification sociodémographique des groupes permet de retracer des caractéristiques éventuelles des contextes de vie des bébés.

Au regard des variables distales, on note pour les groupes cibles un contexte social plus restreint (situation monoparentale, célibat, réseau de soutien plus limité) et potentiellement plus instable. Les mères du groupe cible adulte sont aussi plus jeunes que celles du groupe témoin. En parallèle, les mères cibles manifestent une moins grande connaissance du développement et des besoins de l'enfant. Elles ont aussi un indice de dépression plus élevé. À 1 mois, les bébés ne sont pas perçus différemment par les groupes de mères. Cette comparaison des groupes ne doit pas faire oublier l'étendue de la variabilité intragroupe. Il nous importe surtout d'examiner, dans chaque groupe et pour l'ensemble des mères, les interrelations entre les différentes variables distales. L'impact de ces variables devient plus important si on les retrouve en conjonction dans une même famille. De plus, l'effet d'une conjonction de variables peut être plus important pour un groupe que pour un autre. Enfin, il reste à vérifier les liens entre les variables distales et proximales.

Parmi les variables proximales analysées, des éléments distinguent encore les groupes cibles du groupe témoin. Ainsi, pour l'environnement physique, on note que plus de bébés du groupe témoin ont une chambre individuelle, plusieurs habitent des maisons unifamiliales et leur environnement est moins densément peuplé. Ces éléments du contexte favorisent l'accès à un plus grand espace et, éventuellement, à un espace personnel de jeu. Par ailleurs, les interactions mère–bébé ont une tonalité plus positive dans le groupe témoin. L'observation à 3 mois est réalisée au laboratoire

TABLEAU 12

Éléments de différenciation des contextes :
Synopsis des variables mesurées

Variables distales

Situation monoparentale	T < A,C		
État civil célibataire	T < A,C		
Âge	T > C (et A, bien sûr)		
Connaissances et attitudes	T > A,C		Total des 4 sous-échelles Normes et indices Parentage
(Perception du nouveau-né : Pas de différence)			
Réseau social de soutien	T > A,C		Grandeur potentielle Grandeur réelle Réseau non conflictuel Interaction intime Socialisation
	T < A T > C		Besoin-aide matérielle Satisfaction-aide matérielle
Indice de dépression	T < A		(C intermédiaire)

Variables proximales

Environnement physique	T > A,C		Propriétaire Maison unifamiliale Chambre d'enfant
Environnement social : Densité Écologie quotidienne	 T < A,C T > A,C	 durée et fréquence fréquence	 Recevoir des soins Bras et soins Dormir
Inventaire des interactions sociales	T,C < A T > A,C T < A,C	 Conjoint Conjoint/jamais	Contacts avec adolescents Changer la couche Baigner l'enfant Mettre au lit Changer la couche Changer la couche
	T,C < A	Grand-mère	
Tonalité affective	T > A,C		Total Verbalisations Contacts physiques Acceptation
Mode d'alimentation	T > A,C	à la naissance à 1 mois à 3 mois	Allaitement au sein

(local du CLSC). Les mères des groupes cibles, à cause d'une éventuelle réactivité plus marquée au contexte d'observation, se comportent peut-être de façon moins « naturelle » ou moins habituelle. La mesure de la tonalité affective dans la dyade renvoie à des dimensions qui reflètent probablement des valeurs socioculturelles particulières. La tonalité positive est définie par des verbalisations fréquentes, de ton chaleureux et de contenu gratifiant, des contacts physiques proximaux et affectueux, des regards fréquents avec expressions faciales positives, des réponses rapides et appropriées aux comportements de l'enfant, une bonne connaissance et acceptation de son enfant. Cependant, ces caractéristiques de l'interaction mère–enfant ont été reconnues comme ayant un impact positif sur le comportement et le développement de l'enfant. Un autre élément du contexte, celui de l'expérience plus fréquente d'allaitement au sein dans le groupe témoin (à la naissance, à 1 et à 3 mois; et par la suite jusqu'à 10 mois selon les analyses en cours), s'ajoute aux indices de tonalité affective. Cette expérience fournit à l'enfant des moments particuliers d'interaction avec sa mère. Selon les valeurs socioculturelles de la classe moyenne, on privilégie le choix de ce mode d'allaitement dans les premiers mois. La portée de ce choix est peu connue (sauf peut-être sur l'état de santé de l'enfant). Nous pouvons cependant avancer que l'expérience vécue n'est sûrement pas la même pour le bébé.

À LA RECHERCHE DES ÉLÉMENTS PLUS SPÉCIFIQUES DE LA VIE QUOTIDIENNE

Dans l'environnement quotidien de l'enfant, nous avons tenté de relever, de façon concrète, deux éléments particuliers : les contacts sociaux (IIS) et la routine des activités quotidiennes (journal). Ces éléments retracent des aspects peu connus de la vie familiale pendant la petite enfance. Ils visent à décrire ce qui se passe chaque jour autour du bébé et avec lui. Ils nous paraissent essentiels pour comprendre le contexte de développement de l'enfant et pour comparer des contextes de vie différents *a priori* (par exemple, milieu familial et garderie).

Avec l'inventaire des interactions sociales, on obtient un échantillon des contacts sociaux expérimentés par la mère et l'enfant dans leur milieu. Par exemple, à 1 mois, les mères paraissent relativement peu isolées. Elles assument en majorité les tâches reliées aux soins essentiels donnés à l'enfant. Par contre, la participation du conjoint est plus importante dans le groupe témoin que dans les groupes cibles et la participation des grands-mères plus importante dans le groupe de mères adolescentes que dans les deux groupes de mères adultes. Ainsi, les tout jeunes bébés ont surtout des contacts avec leur mère. Cependant, ils expérimentent aussi des périodes d'interaction sociale avec d'autres adultes qui peuvent devenir familiers. On pourra retracer dans le cas des familles monoparentales les contacts occasionnels avec le père. Le soutien dans les soins donnés à l'enfant décrit deux niveaux d'expérience, l'un du côté de la mère, l'autre du côté du bébé. Pour la mère, il indique la possibilité de partage des responsabilités auprès de l'enfant. Du côté du bébé, il souligne la variété des interactions sociales directes et actives. L'ensemble des données de l'IIS fournit un échantillon de l'étendue des expériences sociales de l'enfant. La relation entre cette mesure de la vie sociale de la dyade et les mesures de Barrera sur le réseau social de soutien perçu et vécu par la mère donne une image complémentaire des relations sociales de la famille.

Le journal-bébé recueille de l'information sur divers aspects de la routine quotidienne de l'enfant. Les notations au journal sont effectuées par la mère. Nous avons cherché à en faciliter l'utilisation en réduisant le nombre de catégories. Ainsi, le journal-bébé ne distingue pas, par exemple lors du jeu, les diverses activités possibles (exercices moteurs, jeux de vocalises, face-à-face, jeux avec objets, etc.), ni les partenaires de jeu ; ou, quand l'enfant est pris dans les bras, s'il est éveillé, en pleurs, calme, agité, etc. Par contre, le journal indique la proportion de la journée où l'enfant est seul et en contact avec d'autres, si ces contacts sont utilitaires (recevoir des soins) ou plus « gratuits » (jeu et bras). Il retrace aussi les périodes d'éveil et de sommeil. Ces informations, en relation avec les autres variables examinées, permettront de mieux connaître les divers contextes de développement.

L'ensemble des interrelations entre les variables étudiées et la portée relative de chacune sur le développement et la socialisation de l'enfant est encore méconnue. Notre but ici est de présenter un cadre méthodologique pour décrire le contexte de vie familiale et distinguer dans ce contexte les variables plus ou moins fonctionnelles dans l'expérience de l'enfant. Une dimension importante est celle de la stabilité (ou de l'instabilité) des divers éléments du contexte (Sroufe, Egeland et Kreutzer, 1990). L'étude longitudinale permet de l'examiner. Nous poursuivons cette étude des contextes de vie familiale au-delà de la première année, d'abord pour mieux évaluer l'impact à plus long terme des premières expériences et caractéristiques précoces de l'enfant, et ensuite pour connaître la relative stabilité des contextes dans les divers milieux.

Chapitre 4

Conditions de pauvreté
et santé mentale durant la grossesse

LOUISE SÉGUIN, M.D., M.PH., JACINTHE LOISELLE, M.Sc.
et LOUISE POTVIN, Ph.D.
Université de Montréal, Département de médecine sociale et
préventive et Groupe de recherche interdisciplinaire en santé

MICHÈLE ST-DENIS, B.Sc.
Université du Québec à Montréal, LAREHS

Ce projet a été réalisé grâce aux subventions du Conseil québécois de la recherche sociale et du Conseil de recherches en sciences humaines du Canada. Ce texte a, en outre, fait l'objet d'une présentation au Symposium québécois sur l'enfance et la famille, à Québec, tenu en mars 1992.

REMERCIEMENTS

Nous tenons à remercier toutes les femmes qui ont accepté de participer à notre projet et qui ont donc rendu possible cette recherche. Nous remercions également les responsables et le personnel des cliniques d'obstétrique et d'échographie des hôpitaux Notre-Dame, Saint-Luc, La Salle et Maisonneuve-Rosemont pour nous avoir permis d'effectuer le recrutement des participantes dans leur milieu. Enfin, nous voulons remercier spécialement monsieur Camil Bouchard, dont la collaboration à titre de consultant a été des plus précieuses.

Pour la majorité des nouveaux parents, la période de transition qui suit la naissance de leur premier enfant ne s'accompagne pas de stress important (Smolla, 1991). Pourtant, dans de nombreuses études, on note un taux relativement élevé de dépressions postnatales, soit de 10 à 16 % vers deux à trois mois après la naissance (O'Hara, Neunaber et Zekoski, 1984 ; Whiffen, 1988a ; Gotlib *et al.*, 1989), alors que la prévalence de dépressions pour les femmes de moins de 40 ans est de 8 à 9 % dans l'étude de Murphy *et al.* (1988). Les études qui ont utilisé un questionnaire auto-administré rapportent par ailleurs des taux de haute symptomatologie dépressive après la naissance, qui se situent entre 12 et 25 % des nouvelles mères (O'Hara *et al.*, 1984 ; Cutrona et Troutman, 1986 ; Whiffen, 1988 ; Gotlib *et al.*, 1989 ; Campbell et Cohn, 1991).

Ces réactions dépressives, moins fréquentes que la réaction des « bleus » des premiers jours du post-partum, mais aussi de plus longue durée et plus sérieuses pour la nouvelle mère, ne sont pas sans conséquences pour le nourrisson. Ainsi, Field (1984) a démontré l'influence négative de ces états dépressifs des nouvelles mères sur leur interaction avec leur nourrisson, et l'étude de Whiffen et Gotlib (1989) indique que les bébés de deux mois dont les mères sont dépressives obtiennent des scores plus faibles à l'échelle de développement cognitif de Bailey que les bébés de mères non dépressives.

À plus long terme, il est possible que le comportement et le développement des enfants en soient affectés. Dans l'étude de Wrate *et al.* (1985), les enfants de 3 ans dont les mères avaient connu des épisodes de dépression postnatale présentaient plus de problèmes de comportement que ceux dont les mères n'avaient pas été déprimées après la naissance. Des problèmes de développement cognitif ont aussi été observés chez des enfants de 4 ans lorsque leur mère avait eu un épisode dépressif au cours de leur première année (Hay et Kumar, 1995). Cependant, un état dépressif chronique serait plus important au regard du développement de l'enfant qu'un seul épisode de dépression post-partum, selon Philipps et O'Hara (1991). Par ailleurs, l'état dépressif des mères serait aussi l'un des facteurs associés à la négligence des jeunes enfants. Jusqu'à 43 % des mères d'enfants négligés (0 à 18 ans) seraient affectées par des problèmes dépressifs selon les intervenantes de l'étude de Mayer-Renaud (1990). De plus, Éthier (1996) a observé que les mères dépressives risquent plus d'avoir des conduites abusives à l'égard de leurs enfants.

Ces réactions dépressives des nouvelles mères semblent s'inscrire dans un continuum qui va de la grossesse à la période postnatale. Selon Gotlib *et al.* (1989), il y a, de fait, peu de dépressions postnatales « *de novo* ». Dans leur étude, la plupart des femmes dépressives après la naissance de leur enfant l'étaient déjà durant leur grossesse. Par contre, Hobfoll *et al.* (1995) ne trouvent qu'une faible association entre la dépression postnatale et la dépression prénatale chez des femmes de quartiers défavorisés.

C'est donc l'ensemble de la période périnatale qu'il importe de considérer, puisque la période de la grossesse serait pour plusieurs femmes une période de grande détresse psychologique, tout autant que la période postnatale (O'Hara *et al.*, 1990). Ces derniers auteurs ont montré que les femmes enceintes de leur étude manifestaient, durant le deuxième trimestre de leur grossesse et encore plus durant le troisième trimestre, une plus grande symptomatologie dépressive que les femmes non enceintes d'un groupe témoin. Au cours du troisième trimestre, les femmes enceintes avaient des scores plus élevés pour les deux sous-échelles, somatique et cognitive, du questionnaire de Beck. Dans leur recherche auprès de 295 femmes enceintes, Gotlib et ses collaborateurs (1989) ont observé que 21,5 % de ces femmes avaient, à 24 semaines de grossesse, un score de 10 ou plus au questionnaire de Beck, indiquant ainsi une symptomatologie dépressive élevée. Au troisième trimestre de la grossesse, soit à 36 semaines, il y avait 25,8 % des femmes dont le score de Beck était de 10 ou plus. Des facteurs sociodémographiques semblent associés à cette situation, car ces femmes enceintes dépressives étaient plus jeunes, moins scolarisées, avaient plus d'enfants à la maison et se déclaraient plus souvent ménagères. Hobfoll *et al.* (1995) ont utilisé des entrevues structurées pour établir le diagnostic de dépression clinique et ont obtenu des scores de 27,6 % et de 24,5 % respectivement, au deuxième et au troisième trimestre de la grossesse chez des femmes américaines de quartiers défavorisés, soit des scores deux fois plus élevés que ceux observés chez des femmes de classe sociale plus aisée. Les conséquences des dépressions durant la grossesse peuvent être très importantes pour le fœtus, puisque des études récentes ont noté une association avec la prématurité ou un faible poids à la naissance (Steer *et al.*, 1992 ; Wadwha *et al.*, 1993).

Il faut souligner que les différentes méthodes utilisées pour identifier et mesurer les réactions dépressives des individus ne révèlent pas toutes la même réalité. Un questionnaire auto-administré, comme l'Inventaire de dépression de Beck (Beck *et al.*, 1979), permettra d'établir le niveau de symptomatologie dépressive de cette personne, ce qui ne correspond pas nécessairement à une dépression clinique. Divers chercheurs, qui ont utilisé dans la même étude le questionnaire de Beck et des entrevues avec des critères standardisés de diagnostic de dépression, reconnaissent que les deux résultats ne sont pas superposables (O'Hara, 1986; Whiffen, 1988b; Gotlib *et al.*, 1989; Harris *et al.*, 1989). Cependant, les corrélations entre le score du Beck et les résultats d'entrevues diagnostiques structurées sont bonnes, variant de 0,73 à 0,80 pour une population non psychiatrique (Beck, Steer et Gorbin, 1988).

FACTEURS ASSOCIÉS AUX RÉACTIONS DÉPRESSIVES À LA PÉRIODE PÉRINATALE

Outre diverses caractéristiques des mères associées aux réactions dépressives durant la grossesse, des études récentes démontrent le rôle déterminant des facteurs environnementaux de stress sur la santé mentale des nouvelles mères. Le rôle des facteurs de stress au regard des états dépressifs, chez les femmes en particulier, a été souligné dans les recherches de Brown et Harris (1978). Ces auteurs insistent sur l'importance de reconnaître le contexte des événements stressants pour évaluer leur impact sur la santé mentale. De même, pour Dohrenwend et Dohrenwend (1984), la conception des relations entre les événements de vie stressants et la santé doit intégrer les contextes sociaux et psychologiques dans lesquels ils surviennent. Au cours de la grossesse, les événements de vie stressants affectent fortement les mères, selon O'Hara (1986) ainsi que Cutrona (1984). Ils seraient, cependant, plus prédictifs d'une plus grande détresse psychologique que d'une augmentation des taux de dépressions cliniques (O'Hara *et al.*, 1990). Pour leur part, Norbeck et Anderson (1989) ont observé que les événements de vie stressants avaient une forte corrélation avec les niveaux d'anxiété des femmes enceintes défavorisées de leur étude. En tenant compte de la désirabilité et de l'impact des événements de vie stressants, il était possible d'expliquer, dans leur étude, jusqu'à 26 % de la variation des niveaux d'anxiété durant la grossesse.

Si les stresseurs aigus influencent les capacités d'adaptation des futures mères, les stresseurs quotidiens chroniques seraient encore plus importants au regard de leur santé mentale, particulièrement en milieu de pauvreté. Ce sont, en effet, les stresseurs chroniques liés aux problèmes financiers, aux inquiétudes parentales et aux conflits interpersonnels qui affectent le plus la santé mentale des nouvelles mères (Powell et Drotar, 1992) et des mères défavorisées (Belle, 1982 ; Hall, Williams et Greenberg, 1985). Hall et ses collaborateurs (1985) notent un risque relatif très grand de présenter une symptomatologie dépressive élevée pour une mère de jeunes enfants qui vit seule dans des conditions de pauvreté. À la période périnatale, certains chercheurs ont également mis en évidence des relations entre la dépression postnatale et des difficultés économiques ou des problèmes de logement (Hopkins, Marcus et Campbell, 1984 ; Stein *et al.*, 1989). On ne trouve, cependant, pas d'études qui analysent spécifiquement les relations entre les stresseurs chroniques des conditions de vie en milieu défavorisé et les réactions dépressives des femmes enceintes.

La relation entre les stresseurs et la santé mentale n'est pas linéaire, toutefois. D'autres facteurs interviennent pour modifier cette relation ; par exemple, les réactions individuelles aux stresseurs pourraient varier en fonction des ressources personnelles ou encore du soutien social dont l'effet modérateur sur la relation stresseur-santé mentale a été étudié par de nombreux auteurs (Cohen et Syme, 1985 ; House et Kahn, 1985). Les recherches ont, de plus, montré que le soutien social aurait également un effet direct sur la santé mentale, lequel pourrait se combiner à des effets d'interaction. Ainsi, selon Lin et Dean (1984), le soutien social pourrait agir de façon directe et indirecte sur la santé mentale et, en ce qui a trait aux événements stressants, il pourrait soit en atténuer les effets négatifs, soit les contrecarrer ou les prévenir (Mitchell et Moos, 1984 ; Monroe *et al.*, 1986). Plus récemment, après avoir effectué une revue extensive de la littérature, Menaghan (1990) conclut également qu'un grand nombre d'études laissent croire que le soutien social a un effet direct sur la santé mentale, c'est-à-dire qu'il est associé à de plus faibles niveaux de détresse psychologique, même lorsqu'il n'y a pas de niveaux de stress élevés. Elle ajoute que d'autres études montrent aussi un effet d'interaction ou un effet modérateur du soutien social, c'est-à-dire qu'il serait particulièrement important pour limiter les problèmes de santé mentale des personnes qui font face à des stresseurs sévères.

Durant la grossesse, un tel effet d'interaction ou modérateur du soutien social a été confirmé chez des femmes enceintes ayant un faible niveau de revenu par Norbeck et Anderson (1989). Ainsi, les femmes qui avaient la plus haute moyenne du score d'anxiété avaient aussi connu significativement plus d'événements stressants ainsi qu'un plus bas niveau de soutien social. Inversement, les femmes dont le score d'anxiété était le plus bas avaient connu le moins d'événements stressants et reçu le plus de soutien social. Ces auteurs ont également observé l'importance de la source spécifique de soutien : le soutien provenant du partenaire ou de la mère était le plus important et il ne semblait pas y avoir de possibilité de substitution si l'un ou l'autre faisait défaut. La spécificité du soutien social pourrait être particulièrement importante aux grandes étapes de la vie que sont la naissance et le deuil.

En général, la naissance d'un bébé entraîne un effet de mobilisation et de réorganisation du réseau social qui entoure les nouveaux parents (Hammer, Gutwirth et Philips, 1985 ; Lepage, Vezina et Desrosiers, 1990). Cette mobilisation du réseau social serait encore plus importante en milieu défavorisé, puisque la venue d'un nouveau-né y serait très valorisée (Colin et Desrosiers, 1989). Les nouveaux parents auraient ainsi plus de personnes sur lesquelles ils peuvent compter pour les aider après la naissance. L'évolution du réseau social durant la grossesse chez les femmes défavorisées demeure peu connue, cependant.

Un réseau social étendu peut être associé à plus d'aide, mais, selon Belle (1982), il peut aussi entraîner plus d'inquiétudes et d'occasions de conflits ; de telles relations préoccupantes ou conflictuelles étaient reliées à l'état dépressif des mères défavorisées de leur étude. Ces aspects stressants du réseau social n'ont pas été étudiés à la période périnatale en relation avec les états dépressifs des nouvelles mères.

Lorsqu'on cherche à mesurer le réseau de soutien social d'une personne, non seulement faut-il distinguer les aspects structuraux des aspects fonctionnels des réseaux sociaux et du soutien qu'ils peuvent apporter à une personne, mais il faut aussi tenir compte de la différence entre le soutien potentiel et le soutien qu'une personne reçoit effectivement. Lepage *et al.* (1990) ont observé une bonne corrélation entre le soutien perçu et le soutien reçu, dans leur étude sur les réseaux sociaux à la période périnatale. Dans sa revue sur le sujet, Menaghan (1990) rapporte que Wethington et Kessler (1986) ont comparé l'impact sur la santé mentale du soutien reçu et du soutien perçu et qu'ils ont conclu que le dernier semblait plus crucial que le premier.

L'ensemble de la littérature nous amène donc à penser que la présence et la gravité des symptômes dépressifs, à la période périnatale, seraient liées à la fréquence et à l'intensité des stresseurs aigus, et surtout chroniques, ainsi qu'à un soutien social insuffisant au cours de la grossesse.

La majorité des recherches sur les réactions dépressives, à cette période de la vie, ont été conduites auprès de femmes de classe moyenne ou supérieure, tant du point de vue du niveau d'instruction que du revenu familial (Hobfoll *et al.*, 1995). Les femmes enceintes défavorisées sont pourtant susceptibles d'être exposées à de nombreux stresseurs aigus et chroniques reliés à leurs conditions de vie difficiles. De plus, il est probable que leur réseau social est non seulement une source de soutien, mais aussi une source de préoccupations et de conflits (Belle, 1982 ; Desfossés et Bouchard, 1985). Ces éléments nous portent donc à croire que la présence d'états dépressifs chez ces femmes serait particulièrement élevée.

Notre étude vise à éclairer ces questions et, en particulier, à analyser, chez un groupe de femmes enceintes défavorisées, les relations entre les stresseurs aigus et chroniques, le soutien social et la symptomatologie dépressive et à en dégager un modèle multivarié de prédiction.

MÉTHODOLOGIE

SUJETS

Pour pouvoir participer à l'étude, les femmes devaient être enceintes de leur premier bébé, âgées d'au moins 18 ans, avoir une instruction ne dépassant pas la 5ᵉ secondaire (11 années de scolarité), et leur revenu familial (en tenant compte du revenu de toutes les personnes avec lesquelles elles cohabitaient) devait se situer sous le seuil de pauvreté tel qu'il a été établi par le Conseil de développement social du Canada. Les dimensions culturelles sont très importantes, à la période périnatale, et nous avons choisi de ne retenir, dans l'étude, que des femmes d'origine québécoise francophone. Leur conjoint devait également être d'origine québécoise francophone. De plus, étaient exclues les femmes dont les complications de la grossesse exigeaient une hospitalisation prolongée, de même que celles qui avaient une grossesse multiple.

Le recrutement a eu lieu lors des visites prénatales aux cliniques d'obstétrique et aux cliniques d'échographie de quatre hôpitaux montréalais, qui ont été choisis parce qu'ils servent une population défavorisée. Le recrutement s'est effectué de septembre 1989 à juin 1991.

Parmi les 167 primipares admissibles, 130 (78 %) ont accepté de participer à la recherche. Par la suite, huit femmes ont été exclues pour des raisons médicales telles qu'une fausse couche ou un accouchement prématuré. Dix-sept femmes ont quitté le projet, cinq n'ont pu être retracées et deux ont été exclues parce qu'il manquait des données. Les analyses portent donc sur 98 femmes enceintes défavorisées.

DÉROULEMENT DE L'ÉTUDE

Les résultats qui seront présentés proviennent des données recueillies lors du premier moment d'observation d'une étude longitudinale qui s'étend du deuxième trimestre de la grossesse jusqu'au sixième mois après la naissance.

Cette première rencontre a lieu entre la 28e et la 32e semaine de grossesse, soit vers le début du troisième trimestre. Les futures mères sont rencontrées individuellement à leur domicile par une assistante de recherche qui a reçu une formation spéciale pour le projet. Compte tenu d'un taux élevé d'analphabétisme fonctionnel en milieu défavorisé, les questions de tous les instruments de mesure sont posées par l'assistante de recherche. Une compensation de dix dollars est ensuite remise aux participantes.

VARIABLES À L'ÉTUDE ET INSTRUMENTS DE MESURE

VARIABLE DÉPENDANTE

La variable dépendante est la symptomatologie dépressive telle que mesurée à l'aide du Beck Depression Inventory (BDI) révisé (Beck *et al.*, 1979). Nous avons utilisé la version traduite en français et validée par Bourque et Beaudette (1982). Le BDI est l'une des mesures des symptômes dépressifs les plus couramment utilisées, y compris en périnatalité. Il est composé de 21 énoncés, contenant chacun quatre énoncés gradués, dont la valeur, variant entre 0 et 3, illustre l'intensité du sentiment exprimé. Les questions portent sur les sept derniers jours. Les résultats peuvent être utilisés sur un continuum dont l'étendue se distribue entre 0 et 63. L'intensité de la symptomatologie peut aussi être évaluée en quatre catégories : 0 à 9 : absence de réaction dépressive ; 10 à 15 : réaction dépressive légère ; 16 à 23 : réaction dépressive modérée ; 24 et plus : réaction dépressive sévère.

Plusieurs études ont confirmé la validité de construit du BDI (Beck *et al.*, 1979 ; Beck *et al.*, 1988). Les propriétés psychométriques de la version française semblent également intéressantes. La consistance interne, estimée par l'alpha de Cronbach, démontre une excellente fiabilité, avec un coefficient de 0,82. Les résultats correspondent à ceux obtenus auprès de populations similaires aux États-Unis par Beck *et al.* (1979).

VARIABLES DE CONTRÔLE

Certaines caractéristiques maternelles sont considérées comme des variables de contrôle. Elles sont vérifiées à l'aide d'un questionnaire élaboré pour cette étude, qui contient des questions sur les données sociodémographiques (âge, scolarité, lieu de résidence, présence ou non d'un conjoint, revenu familial), ainsi que des informations sur l'expérience d'un épisode dépressif antérieur.

VARIABLES INDÉPENDANTES

Stresseurs aigus

Il s'agit d'un questionnaire développé pour cette étude. Quatre questions concernent la présence d'événements stressants aigus depuis le début de la grossesse. Les moments où se sont produits ces événements sont rapportés, ainsi que le degré d'impact positif ou négatif, variant de 1 à 5, sur la vie quotidienne des futures mères.

Stresseurs chroniques

Conditions de logement

Ce questionnaire, inspiré du Life Conditions de Makosky (1977 ; cité dans Belle, 1982), a été adapté à notre population. Sept questions évaluent les conditions de logement : type de maison, nombre d'individus dans la maison, nombre de pièces, accès aux commodités (laveuse, sécheuse, etc.) et conditions de chauffage. Une dernière question mesure le degré de souci de la participante relativement à ses conditions de logement.

Situation financière

Ce questionnaire est aussi inspiré du Life Conditions de Makosky (1977 ; cité dans Belle, 1982) et adapté pour notre population. Il comprend onze questions graduées, qui permettent de mesurer le degré de difficultés financières reliées à la fréquence, à la source et à la variation des revenus, au degré d'endettement, au contrôle des dépenses, à la possibilité de recevoir de l'aide financière et aux changements dans les deux dernières années. Une dernière question évalue le degré de préoccupation à l'égard de la situation financière.

Une échelle de manque d'argent depuis le début de la grossesse pour les besoins essentiels de la famille, tels que le logement, la nourriture, le chauffage, l'habillement, a aussi été élaborée pour ce projet. Elle est inspirée du questionnaire de Kanner *et al.* (1981).

Épisodes de conflits avec les membres du réseau

Une question pour évaluer la fréquence des épisodes de conflits avec les membres du réseau a été intégrée dans le questionnaire de réseau de soutien social de Barrera (1980).

RÉSEAU DE SOUTIEN SOCIAL

L'Arizona Social Support Interview Schedule (ASSIS) de Barrera (1980) est une mesure du réseau de soutien social (potentiel et réel) pour les fonctions suivantes : aide matérielle, assistance physique, aide émotive, aide informative, aide approbative, ou rétroaction positive et aide récréative ou compagnonnage. Elle permet d'apprécier pour chacune de ces fonctions l'étendue du réseau, le besoin d'aide au cours des deux dernières semaines et la perception de la suffisance de l'aide obtenue à cette occasion. L'ASSIS identifie aussi les membres avec lesquels la personne a des conflits. Pour cette recherche, nous avons utilisé la version traduite par Lepage (1984). Nous avons retenu seulement les questions sur le réseau potentiel de soutien. Par ailleurs, nous avons remplacé la question sur le besoin d'aide par un énoncé qui évalue la fréquence du manque de disponibilité du soutien lorsque la mère en a eu besoin au cours des deux semaines précédentes. Enfin, nous avons combiné l'aide matérielle et l'assistance physique pour ne former qu'une catégorie « l'aide instrumentale ».

L'ASSIS a été traduite et validée auprès d'une population québécoise par Lepage (1984). Celle-ci a procédé à l'analyse de l'homogénéité de l'instrument en ce qui a trait à l'étendue du réseau, au besoin de soutien et à la satisfaction à l'égard du soutien reçu. Les coefficients alphas de Cronbach (1970) sont respectivement de 0,86, 0,81 et 0,86, alors que Barrera (1980) rapporte des coefficients de 0,78, 0,52, 0,33.

Tous les questionnaires ont été prétestés auprès de 42 femmes dont les caractéristiques sociodémographiques étaient similaires à celles des participantes de la recherche.

ANALYSES

La méthode d'analyse retenue est la régression linéaire multiple. Les analyses multivariées ont été effectuées en deux temps. En premier lieu, chacun des quatre blocs de variables décrites précédemment, soit les variables sociodémographiques, les stresseurs chroniques, les stresseurs aigus et le soutien social, ont fait l'objet d'analyses de régression linéaire multiple. Le critère d'inclusion retenu pour les analyses subséquentes a été établi à un seuil de signification de 0,25. Ces analyses ont permis de présélectionner à l'intérieur de chaque bloc les variables les plus prédictives de la variation de la symptomatologie dépressive.

Dans un deuxième temps, les variables conservées ont été soumises à une analyse de régression linéaire multiple, effectuée selon la méthode hiérarchique par bloc. Les termes d'interaction entre les indicateurs de stress et le soutien social ont été testés. L'ordre d'entrée des blocs de variables dans l'équation est le suivant : 1) variables sociodémographiques (seuil de pauvreté, statut marital) ; 2) antécédents de dépression ; 3) habiter en foyer d'accueil ; 4) stresseurs chroniques ; 5) stresseurs aigus ; 6) soutien social ; 7) les termes d'interaction.

RÉSULTATS

Les 98 participantes de cette étude présentent une moyenne d'âge d'environ 22 ans, et un tiers d'entre elles ont un revenu familial inférieur à la moitié du seuil de pauvreté. Seulement la moitié d'entre elles disent vivre avec un conjoint, alors que 70 % ne déclarent pas d'occupation régulière hors du foyer. Enfin, moins de la moitié de ces femmes affirment suivre des cours prénatals, lesquels sont pourtant offerts gratuitement. Lorsqu'elles ont un conjoint, celui-ci est, en moyenne, plus scolarisé et occupe, en général, un emploi (voir tableau 1).

Comme le montre le tableau 2, ce groupe de femmes présente beaucoup de symptômes dépressifs. Leur score moyen, à l'échelle de Beck, est de 10,1, ce qui est juste au-dessus du seuil d'une symptomatologie dépressive légère. En fait, jusqu'à 47 % des femmes présentent une symptomatologie dépressive élevée et, pour 17,3 % d'entre elles, ces symptômes sont modérés ou sévères.

Le tableau 3 rapporte les résultats quant à l'exposition à des stresseurs aigus et à des sources chroniques de stress provenant des conditions de logement et des conditions financières. Ces femmes ont subi, en moyenne, au moins un événement stressant négatif au cours de leur grossesse, à part les déménagements, que plusieurs ne reconnaissent pas comme un stresseur. L'impact de ces événements stressants négatifs est, cependant, assez important.

TABLEAU 1

Caractéristiques des participantes N = 98

Âge	
– moyenne	22,5
– écart type	4,6
Scolarité	
– ≤ 9 années	42,9 %
– 10-11 années	57,1 %
Revenu de la maisonnée	
– sous le seuil de pauvreté	100,0 %
– sous 50 % du seuil de pauvreté	33,7 %
Présence d'un conjoint (T1)	
– vit avec un conjoint	51,0 %
– n'habite pas avec un conjoint	9,2 %
– n'a pas de conjoint	39,8 %
Occupation de la femme	
– à la maison	70,4 %
– en congé de maternité	5,1 %
– au travail	20,4 %
– étudiante	4,0 %
Participation aux cours prénatals	
– oui	46,9 %
– non	53,1 %

Pour celles qui ont un conjoint (N = 59)

Scolarité du conjoint	
– ≤ 9 années	37,5 %
– 10-11 années	43,9 %
– 12-13 années	8,9 %
– 14 années et plus	10,7 %
Occupation du conjoint	
– travailleur	61,0 %
– étudiant	6,8 %
– chômage/aide sociale	30,5 %

TABLEAU 2

Fréquence de la symptomatologie dépressive (29,3 semaines de grossesse)

Échelle de Beck	
– moyenne	10,1
– écart type	7,1
Indice de dépression ≥ 10	46,9 %
Symptomatologie dépressive	
– absence (0-9)	53,1 %
– légère (10-15)	29,6 %
– modérée (16-23)	12,2 %
– sévère (24 et plus)	5,1 %

Quant aux conditions de logement, on remarque que, d'une part, 25 % d'entre elles vivent seules et que, d'autre part, elles vivent dans des logements qui offrent, souvent, des conditions minimales de confort, puisque 28 % rapportent que leur logement est mal chauffé. Près de 50 % d'entre elles habitent un logement dans lequel on dispose de moins d'une pièce et demie par personne. Un peu plus du tiers des femmes indiquent qu'elles se font de graves ou de très graves soucis par rapport à leur logement. Il faut noter, par ailleurs, que sept femmes vivent en foyer d'accueil, dans des conditions de logement qui les distinguent des autres femmes de notre échantillon.

En ce qui a trait à la condition financière, 57,1 % déclarent avoir de graves ou de très graves soucis financiers. Le tiers des femmes indiquent, de plus, avoir manqué d'argent de façon préoccupante pour des besoins essentiels au cours de leur grossesse.

Le tableau 4 présente les résultats relatifs au réseau de soutien social. Les femmes de notre échantillon disposent, en moyenne durant leur grossesse, d'un réseau d'aide potentielle comprenant sept personnes, avec un écart type de 2,9. On note que c'est pour l'aide instrumentale que le nombre de personnes est le plus élevé. Ces femmes ont aussi, en moyenne, 1,3 relation conflictuelle. Il faut souligner, cependant, que le tiers d'entre elles ne rapportent aucune relation conflictuelle. Quant à la fréquence des conflits, la moyenne de 4,2 épisodes au cours des deux dernières semaines cache une réalité plus complexe. Si 42 % des femmes n'en rapportent aucun, 20 % en rapportent sept ou plus.

TABLEAU 3

Fréquence de l'exposition à des stresseurs durant la grossesse

	Moyenne	Écart type
I. STRESSEURS AIGUS		
Nombre de stresseurs négatifs durant la grossesse	1,2	(1,2)
Impact des stresseurs négatifs	4,8	(5,0)
II. STRESSEURS CHRONIQUES		
1) *Logement*		
Lieu de résidence		
– seule	24,7 %	
– avec conjoint seulement	38,1 %	
– avec parents ou amis	30,9 %	
– foyer d'accueil	6,2 %	
Densité		
– moins d'une pièce et demie par personne	46,9 %	
Confort		
– froid	28,1 %	
Échelle de soucis		
– léger	27,6 %	
– moyen	36,7 %	
– grave	25,5 %	
– très grave	10,2 %	
2) *Problèmes financiers*		
Échelle de Makosky	25,8	(5,5)
– proportion ayant un score de 26 ou plus	52,9 %	
Échelle de soucis financiers		
– léger	15,3 %	
– moyen	27,6 %	
– grave	34,7 %	
– très grave	22,4 %	
Échelle de manque d'argent	4,5	(3,5)
– proportion ayant un score de 4 ou plus	37,5 %	

TABLEAU 4

Réseau de soutien social pendant la grossesse

1) *Grandeur potentielle du réseau de soutien social*

Nombre total de personnes	7,01
– pour l'aide instrumentale	3,61
– pour l'aide émotive	2,25
– pour l'aide informative	2,52
– pour l'aide approbative	2,74
– pour l'aide récréative	2,75

2) *Relations conflictuelles*

Nombre de relations conflictuelles	1,34
Fréquence des épisodes de conflits (durant les 2 semaines précédentes)	4,2

TABLEAU 5

Fréquence des manques de disponibilité pour les différents types d'aide

	1-2 fois	≥ 3 fois
Aide instrumentale	12,1 %	5,0 %
Aide émotive	4,0 %	2,0 %
Aide informative	6,1 %	4,1 %
Aide approbative	11,2 %	5,0 %
Aide récréative (compagnonnage)	15,3 %	11,2 %

Comme le montre le tableau 5, au cours des deux semaines précédentes, 17 % de ces femmes enceintes n'ont trouvé personne pour l'aide instrumentale dont elles avaient alors besoin. De plus, 16,2 % rapportent aussi un manque de disponibilité d'aide approbative, et jusqu'à 26,5 % disent qu'il leur est arrivé de ne trouver personne pour une aide récréative ou de compagnonnage.

Le modèle prédictif de la symptomatologie dépressive présenté au tableau 6 comprend neuf variables et un terme d'interaction. Ce modèle ajuste les données d'une façon satisfaisante pour un R^2 ajusté de 0,465. Quatre variables, considérées comme confondantes, ont été incluses dans l'équation. Il s'agit de deux variables contrastant le fait de ne pas habiter avec son conjoint, ou le fait de ne pas avoir de conjoint, avec la situation de vie commune avec un conjoint. Nous avons aussi décidé de conserver dans l'équation le fait d'avoir déjà eu un épisode dépressif et le fait d'habiter en foyer d'accueil. Ces deux dernières variables n'ont pas présenté de

TABLEAU 6

Modèle prédictif de la symptomatologie dépressive durant la grossesse
N = 98

Variables	B	β	p
A. Variables confondantes			
1. N'habite pas avec son conjoint	4,148	0,173	0,048
2. N'a pas de conjoint	1,725	0,122	0,193
3. Dépression antérieure	0,334	0,022	0,801
4. Habite en foyer d'accueil	−3,139	−0,117	0,238
B. Stresseurs chroniques			
5. Logement : pièces/personnes	−1,721	−0,255	0,009
6. Échelle du manque d'argent	0,801	0,515	0,002
C. Stresseurs aigus			
7. Impact des stresseurs négatifs	0,348	0,252	0,004
D. Soutien social			
8. Échelle du manque de soutien			
9. N^{bre} de personnes pour l'aide	1,043	0,295	0,001
approbative	0,073	0,022	0,836
E. Interaction			
10. Interaction :			
aide approbative et manque d'argent	−0,171	−0,341	0,042
11. Constante	8,113	—	0,001

Modèle : F = 9,429 dl (10,87),
p < 0,001,
R^2 ajusté = 0,465.

relations significatives lorsque l'on a tenu compte de l'ensemble des autres variables du modèle. Par contre, le fait d'avoir un conjoint mais de ne pas habiter avec lui est significativement associé aux réactions dépressives durant la grossesse, alors que l'absence de conjoint n'apparaît pas associée dans ce modèle.

Les stresseurs chroniques et aigus ainsi que le manque de soutien social sont fortement associés à la présence de réactions dépressives durant la grossesse. Le manque de soutien social est un prédicteur important de la symptomatologie dépressive. Plus les participantes disent avoir manqué de soutien à un moment où elles en avaient besoin (manque de disponibilité), plus elles sont susceptibles de présenter des symptômes dépressifs. L'effet du manque d'argent pour des besoins essentiels, quant à lui, ne peut s'interpréter qu'en interaction avec le nombre de personnes sur lesquelles les mères peuvent compter pour de l'aide approbative. Ainsi, l'effet d'un manque d'argent pour des besoins essentiels durant la grossesse est important, mais peut être atténué par le nombre de personnes pouvant offrir une aide approbative ou une rétroaction positive.

Un autre stresseur chronique, la densité ou la surpopulation des logements, ainsi que l'impact des événements stressants négatifs sont également associés à la symptomatologie dépressive durant la grossesse.

DISCUSSION

Ces résultats mettent en évidence l'influence des conditions de pauvreté sur la santé mentale des femmes lors d'une première grossesse. Ces données contribuent aussi à une meilleure compréhension des facteurs spécifiques associés aux problèmes de santé mentale dans cette population, au-delà des différences qu'on retrouve habituellement entre diverses classes sociales.

SYMPTOMATOLOGIE DÉPRESSIVE ET CONDITIONS DE VIE

Ces femmes enceintes défavorisées manifestent des taux très élevés de symptomatologie dépressive. Durant la grossesse, les recherches ayant utilisé le même questionnaire ont généralement observé des taux beaucoup plus bas, les scores moyens variant, du deuxième au troisième trimestre de la grossesse, entre 6,6 et 8,5 (Lipps, 1985; Gotlib *et al.*, 1989; O'Hara *et al.*, 1990). De plus, dans l'étude de Gotlib *et al.* (1989), seulement 21 à 25 % des femmes présentaient un score de 10 ou plus durant leur grossesse. Les résultats de la présente étude démontrent un taux deux fois plus élevé de femmes ayant un score BDI de 10 ou plus durant leur grossesse.

Même si des taux élevés de réactions dépressives étaient prévisibles dans un groupe de femmes jeunes, sous le seuil de pauvreté et faiblement scolarisées, des résultats aussi importants apparaissent inquiétants. Les conditions de vie de ces jeunes femmes sont certes très difficiles. Un grand nombre n'ont pas de conjoint et même lorsqu'elles en ont un, toutes n'habitent pas avec lui ou du moins pas seule avec lui, comme la plupart des jeunes couples qui attendent un enfant. En outre, des problèmes de logement se combinent souvent aux problèmes financiers.

Il peut être intéressant de souligner que l'échelle de difficultés financières de Makosky ne s'est pas révélée discriminante. Cette échelle a été conçue pour explorer les problèmes financiers de femmes défavorisées américaines et ses résultats étaient associés significativement à leurs réactions dépressives (Belle, 1982). L'élément le plus important pour leur santé mentale était l'aspect imprévisible et irrégulier de leurs revenus. La protection sociale de base étant plus large au Québec qu'aux États-Unis, ces dimensions deviennent peut-être moins importantes pour les femmes de notre étude. Notre échelle de manque d'argent pour les besoins essentiels que sont le logement, la nourriture, le chauffage et l'habillement s'est, quant à elle, avérée fortement associée à la symptomatologie dépressive.

Ces femmes vivent donc dans des conditions quotidiennement stressantes durant leur grossesse et disposent, d'autre part, d'un réseau de soutien social beaucoup plus restreint que celui des femmes enceintes de la plupart des études. Leur réseau total d'aide potentielle est, en moyenne, de sept personnes, alors que Lepage *et al.* (1990) trouvaient, chez des femmes enceintes de classe moyenne de la région de Québec, un réseau total d'aide potentielle de 14 personnes. À la période postnatale, le groupe témoin de femmes de classe moyenne de l'étude de Pomerleau, Malcuit et Julien (1996) peut compter sur un réseau d'aide potentielle de 12 personnes, alors que leur groupe cible de femmes adultes défavorisées a un réseau d'aide de 10 personnes en moyenne. On trouve des proportions similaires pour chacune des fonctions d'aide examinées : les femmes de notre étude ont toujours moins de personnes pour les aider durant leur grossesse que les femmes enceintes plus à l'aise.

Quant à savoir si l'aide est disponible ou s'il leur est arrivé de manquer d'aide alors qu'elles en avaient besoin, on remarque que c'est surtout d'aide instrumentale, approbative et récréative ou de compagnonnage dont elles manquent le plus souvent durant leur grossesse.

MODÈLE PRÉDICTIF DE LA SYMPTOMATOLOGIE DÉPRESSIVE

La structure des relations entre les variables que révèle le modèle de régression multiple retenu est très intéressante. Tant les stresseurs chroniques que les stresseurs aigus et le soutien social contribuent au modèle explicatif.

Parmi les stresseurs chroniques, la densité du logement, ou le nombre de pièces par personne, est relié à l'état mental des femmes enceintes de notre étude, comme cela a déjà été noté dans des études sur la population générale (Dohrenwed et Dohrenwed, 1984). Par contre, le fait de résider en foyer d'accueil n'est aucunement associé aux symptômes dépressifs de ces futures mères. Quant à l'échelle de manque d'argent, qui manifeste une très forte association avec la symptomatologie dépressive, son effet ne peut être considéré qu'en tenant compte de l'interaction avec un soutien social de type approbatif. On peut retenir, cependant, que parmi ces femmes pauvres, ce sont les plus pauvres, celles qui manquent le plus d'argent, qui sont les plus affectées sur le plan de leur santé mentale durant leur grossesse.

Par ailleurs, l'impact des événements de vie négatifs depuis le début de la grossesse contribue également au modèle. Les stresseurs aigus vécus par ces femmes affectent donc aussi leur santé mentale. Plusieurs auteurs ont aussi noté un lien entre les événements de vie et la dépression post-natale (O'Hara, 1986 ; Pfost *et al.*, 1990). Quant aux aspects stressants du réseau reliés aux préoccupations pour les membres du réseau et aux relations conflictuelles, ils n'ont dans ce modèle aucune relation significative avec la symptomatologie dépressive durant la grossesse, alors que ces indicateurs semblaient si importants pour les mères défavorisées de l'étude de Belle (1982).

De façon surprenante, avoir un conjoint avec lequel on n'habite pas serait plus fortement associé à une augmentation des symptômes dépressifs chez ces femmes défavorisées que de ne pas avoir de conjoint, selon ce modèle. Hobfoll *et al.* (1995) ont observé, quant à eux, que les deux situations (être seule ou ne pas cohabiter avec son conjoint) étaient liées aux symptômes dépressifs de leurs participantes. Il sera important d'élaborer sur le rôle du conjoint, qui s'est toujours révélé crucial quant aux réactions dépressives des mères (Belsky et Rovine, 1984 ; Cutrona, 1984 ; O'Hara, 1986).

Par ailleurs, dans l'ensemble du modèle, on constate que le fait d'avoir déjà connu un épisode dépressif antérieur n'est pas associé à la symptomatologie dépressive durant la grossesse. Une première grossesse serait ainsi l'occasion d'un premier épisode dépressif chez ces très jeunes femmes.

C'est, cependant, l'effet d'interaction entre le nombre de personnes pour l'aide approbative et le manque d'argent pour des besoins essentiels qui présente la plus forte association. L'effet modérateur du soutien social au regard de la santé mentale est donc démontré ici pour ces femmes enceintes défavorisées. Un effet direct du soutien social est également observé. L'indice global de manque de soutien est associé significativement à l'échelle de Beck et indique que les futures mères manquant d'aide lorsqu'elles en ont besoin présentent également plus de symptômes dépressifs.

EFFET DU SOUTIEN SOCIAL

Afin de mettre en évidence l'effet tampon ou modérateur du soutien social, nous avons systématiquement vérifié les interactions possibles entre les variables de stresseurs aigus et chroniques, les variables de soutien social et la symptomatologie dépressive. Nous avons constaté que deux interactions seulement se sont avérées significatives. Dans les deux cas, c'est le nombre de personnes pouvant donner de l'aide approbative ou une rétroaction positive qui manifeste un effet modérateur. Cet indicateur de soutien social interagit d'abord avec la relation entre l'impact des stresseurs aigus négatifs et la réaction dépressive, et également avec la relation entre le manque d'argent et la réaction dépressive. Seule cette dernière interaction s'est cependant révélée significative lorsque introduite dans le modèle de régression multiple que nous avons retenu.

Une autre variable de soutien social, soit le score global de disponibilité ou de manque de soutien lorsqu'on en a besoin, a démontré, par ailleurs, un effet direct très significatif pour la symptomatologie dépressive sans aucun effet d'interaction.

Chacune de ces deux variables donne une information différente sur l'action du soutien social chez les mères défavorisées de notre étude. D'une part, on constate l'effet dévastateur du manque de soutien lorsqu'il est nécessaire; un tel manque est susceptible de se produire plus souvent pour ces femmes, puisque leur réseau d'aide est peu étendu. D'autre part, il semble que la présence de personnes qui apportent de l'encouragement et de la rétroaction positive puisse contrebalancer l'effet du manque d'argent pour des besoins pourtant essentiels.

L'observation de ces deux types d'effet appuie les conclusions de Lin et Dean (1984) et de Menaghan (1990) selon lesquelles le soutien social agirait de façon à la fois directe et indirecte sur la santé mentale. Elle confirme de plus qu'il est intéressant de mesurer le soutien social par des approches variées, en utilisant plusieurs indicateurs, afin de mettre en évidence différents processus par lesquels le soutien social peut être relié à la santé mentale.

ANALYSE TRANSVERSALE

Une des limites de cette étude découle du fait que ces analyses portent sur des données qui ont toutes été recueillies vers la 30e semaine de grossesse, de sorte que les stresseurs et les indicateurs de soutien social peuvent être teintés par l'état dépressif de la future mère à ce moment précis.

La revue de littérature nous faisait craindre des relations étroites entre ces diverses variables indépendantes. La matrice de corrélation que nous avons examinée n'a pas révélé, cependant, de corrélations importantes entre nos indicateurs de stresseurs ni entre ces derniers et les indicateurs du réseau de soutien social que nous avons retenus.

Les mesures des conditions de vie comportent des éléments aussi objectifs que possible, comme le nombre de pièces par personne, et des aspects un peu plus subjectifs, comme l'échelle de manque d'argent pour les principales dépenses, ainsi qu'une mesure de stress perçu, soit l'impact des événements négatifs. Ces stresseurs ont tous manifesté une relation significative avec la symptomatologie dépressive dans l'ensemble du modèle.

Il demeure toutefois difficile, dans cette analyse transversale, de dissocier ces variables et de clarifier le sens des associations démontrées, puisque l'état dépressif d'une personne peut affecter sa perception de l'importance des événements stressants, de même que du soutien social disponible. Il pourrait tout aussi bien déterminer la qualité du soutien social qu'elle recevra (Pearlin et Turner, 1987 ; Payne et Jones, 1987).

Une autre limite de ces données concerne la décision de commencer nos observations durant la grossesse, ce qui impliquait des modalités de recrutement particulières. Puisqu'elles ont été recrutées par les cliniques d'obsétrique, les participantes de notre étude ne représentent que les femmes enceintes défavorisées, utilisatrices des soins prénatals. Cependant, dans un contexte d'accès universel aux services de santé et alors que 95 % des femmes qui accouchent au Québec ont eu au moins quatre visites prénatales, il nous apparaît que, de fait, la majorité des femmes enceintes défavorisées se prévalent également de ces services durant leur grossesse, bien qu'elles le fassent plus tardivement, en général.

Nous avons, cependant, recruté un groupe de femmes qui correspond aux critères de sélection et vit dans des conditions de pauvreté certaines. Le tiers ont même un revenu familial (y compris le revenu de toutes les personnes qui habitent avec elles) qui est en deçà de 50 % du seuil de pauvreté et plus de 40 % ont moins de neuf années d'études.

IMPLICATIONS

En pratique, ces données sont révélatrices pour tous les intervenants qui travaillent en périnatalité et en obstétrique. Ces résultats soulignent l'importance de reconnaître les difficultés qui se posent aux femmes enceintes vivant dans des conditions de pauvreté et la grande détresse psychologique qui peut s'ensuivre, même lorsqu'il s'agit de leur premier bébé. Cette étude met clairement en évidence leur besoin d'encouragement et d'approbation et l'aspect essentiel d'un tel soutien positif. Ce type d'aide, qui les rassure quant à leur valeur intrinsèque, pourrait protéger leur santé mentale malgré des conditions matérielles très difficiles.

La compréhension encore incomplète que nous avons de ces phénomènes ne devrait pas nous empêcher de considérer dès maintenant la mise en place d'interventions préventives auprès des femmes enceintes défavorisées. Nous savons déjà suffisamment que les stresseurs aigus et chroniques associés à un faible soutien social ont des effets nocifs sur la santé mentale de ces femmes. Des interventions qui intégreraient ces informations et des politiques sociales qui se préoccuperaient de leur mieux-être pourraient éventuellement avoir un effet bénéfique non seulement sur le bien-être des femmes enceintes mais aussi sur le bien-être et la croissance du fœtus qu'elles portent.

D'autres études devraient être menées auprès de l'ensemble des femmes enceintes défavorisées, tant multipares que primipares, afin de mieux comprendre ce qui affecte leur santé mentale. Ces études devraient être longitudinales, pour tenir compte de l'évolution continue de la situation à la période périnatale. Elles devraient aussi intégrer des données qualitatives aux données quantitatives, afin de mieux éclairer les processus sous-jacents à l'apparition de réactions dépressives chez les nouvelles mères défavorisées.

Chapitre 5

Facteurs sociaux de risque
et facteurs de protection
dans le développement cognitif de l'enfant

ERCILIA PALACIO-QUINTIN, Ph.D.
Groupe de recherche en développement de l'enfant et de la famille
Département de psychologie
Université du Québec à Trois-Rivières

Dans ce chapitre, nous poursuivons trois objectifs principaux :

1. Mettre en relief l'importance de considérer des facteurs de protection pouvant faire contrepoids aux facteurs sociaux de risque.

2. Mettre en évidence le besoin d'adopter une perspective interactive et transactionnelle dans l'étude des effets des facteurs de risque et de protection.

3. Soulever quelques questions méthodologiques qui se rattachent à l'étude de l'interaction des facteurs de risque et de protection.

Nous atteindrons nos objectifs à partir de l'analyse de certains facteurs de risque et de protection pouvant affecter le développement cognitif de l'enfant.

Nous commençons par une brève analyse de la question des facteurs de risque et des facteurs de protection, suivie d'un aperçu de la problématique du niveau socio-économique (SSE) comme facteur de risque. La variable SSE revêt un intérêt particulier, puisqu'elle est considérée comme facteur de risque non seulement pour le développement cognitif et les capacités d'apprentissage chez l'enfant mais aussi pour le développement affectivo-social. En outre, elle est la variable qui figure dans toutes les listes et grilles de facteurs de risque. La problématique spécifique, le contexte général de la recherche qui nous sert à illustrer la problématique, la méthodologie et quelques résultats sont ensuite présentés.

Facteurs de risque et facteurs de protection

Les études sur l'enfant à risque et sur les facteurs de risque biologiques, psychologiques et sociaux se sont multipliées pendant les vingt dernières années (Escalona, 1982 ; Field et Sostek, 1983 ; Frankenburg, Emde et Sullivan,1985 ; Garmezy, 1974 ; Paulhus, 1990 ; Rossetti, 1986 ; Rutter et Casaer, 1991). Le concept de « protection » et les études qui en découlent sont, par contre, assez récents et beaucoup moins abondants (Garmezy,

1985 ; Rolf *et al.*, 1990 ; Rutter, 1985, 1988). C'est surtout dans le domaine de la psychopathologie que la question des facteurs de protection, faisant contrepartie aux facteurs de risque, a été soulevée (Masten et Garmezy, 1985). Ainsi, le fait que certains enfants soumis à des facteurs de risque de maladies mentales, comme la schizophrénie, ou d'apparition de comportements délinquants ne développent pas ces pathologies a attiré l'attention de chercheurs comme Garmezy (1981). Le concept d'«enfant invulnérable» ou d'enfant résistant au stress est ainsi apparu dans les écrits de la psychopathologie du développement (Anthony, 1974 ; Anthony et Cohler, 1987 ; Garmezy et Tellegren, 1984). Ce sont d'abord certaines caractéristiques individuelles de l'enfant qui ont été considérées comme pouvant faire échec à l'action du facteur de risque. Progressivement, on a senti le besoin d'élargir le concept pour tenir compte du rôle que le contexte et les caractéristiques de l'environnement peuvent également jouer. C'est ainsi que le concept de facteurs de protection apparaît dans les dernières années. Trois types de variables sont identifiés comme possibles facteurs de protection (Garmezy, 1985) :

1. les caractéristiques biologiques, psychologiques et socio-affectives de l'enfant lui-même (santé, tempérament, estime de soi, niveau de développement, etc.) ;

2. les caractéristiques des parents, de l'environnement familial et des interactions parent–enfant ;

3. les caractéristiques de l'environnement social (ressources disponibles, soutien social, etc.).

En fait, nous retrouvons aussi ces trois types de variables parmi les facteurs de risque. Les facteurs de protection ne sont pas nécessairement des éléments différents des facteurs de risque : c'est leur rôle à l'intérieur d'une dynamique particulière qui les caractérise. Une variable pouvant être vue comme facteur de protection peut devenir un facteur de risque si elle se présente dans une intensité extrême. La qualité de protection d'un événement donné paraît donc être déterminée par le contexte entourant cet événement (Masten et Coatsworth, 1995). Cette conception interactive et transactionnelle a été soulevée par quelques auteurs (Egeland *et al.*, 1993 ; Felner *et al.*, 1995 ; Luthar et Zigler, 1991 ; Rutter, Quinton et Hill, 1990), mais les mécanismes et effets de l'interaction sont encore peu connus. Des études empiriques commencent tout juste à aborder ces effets d'interaction ainsi que le processus par lequel certains enfants parviennent à affronter avec succès les conditions de vie défavorables qui sont les leurs. L'étude des facteurs qui contribuent à maintenir l'équilibre et la bonne évolution du sujet devrait être considérée comme aussi importante que celle des facteurs qui contribuent à les perturber. Les facteurs de risque et les facteurs de protection nous semblent donc une dyade inséparable à envisager pour comprendre le dynamisme du développement humain.

LE NIVEAU SOCIO-ÉCONOMIQUE (SSE) COMME FACTEUR DE RISQUE

De nombreuses recherches ont montré que le SSE défavorisé est un facteur de risque important pour le développement intellectuel. On n'a plus à démontrer que les enfants de milieux défavorisés présentent un niveau de développement intellectuel inférieur à la moyenne de la population. Qu'il s'agisse de la créativité (Forman, 1979), de la perception (Willis et Pishkin, 1974), de l'expression graphique (Gauthier et Richer, 1977 ; Gendron et Palacio-Quintin, 1982), du langage (Bernstein, 1964), de la pensée opératoire (Roy et Palacio-Quintin, 1984 ; Wei, Lavatelli et Jones, 1971), de la pensée logico-mathématique préopératoire (Palacio-Quintin, 1992) ou de l'intelligence mesurée par des épreuves psychométriques (Hébert et Wilson, 1977), les enfants de faible SSE présentent un niveau de développement inférieur à la moyenne de la population.

Estimant que la classe sociale ne pouvait affecter directement le développement du jeune enfant, des chercheurs se sont penchés sur divers facteurs pouvant jouer un rôle d'intermédiaire entre le SSE et le développement cognitif de l'enfant. On a ainsi étudié l'environnement familial (Bradley et Caldwell, 1976, 1980 ; Gottfried, 1984), des variables socio-démographiques telles que le nombre d'enfants dans la famille et l'ordre de naissance (Marjoribanks, 1981) ou la monoparentalité (Shinn, 1978), l'organisation physique de l'environnement (Wachs, 1979), les valeurs et attitudes éducatives (Lautrey, 1980), le style d'enseignement des mères (Phinney et Feshbash, 1980) et l'intelligence des parents en tant que facteur génétique (Scarr, 1981). La majorité des travaux rapportent des corrélations significatives entre ces variables et le SSE, d'une part, et le développement cognitif de l'enfant, d'autre part. Mais il faut encore élucider l'influence réciproque et conjointe de ces variables. En effet, alors que certains auteurs trouvent, par exemple, que l'organisation de l'environnement physique a une influence en soi (Wachs, 1979), d'autres considèrent que c'est par la médiation de parents stimulants et chaleureux que l'enfant peut profiter des stimuli de l'environnement non social (McPhee, Ramey et Yeates, 1984). Les lacunes dans nos connaissances se situent sur le plan de certaines variables (par exemple, l'influence du père) et elles sont particulièrement importantes quant aux effets d'interaction entre ces facteurs à l'intérieur de chaque niveau socio-économique.

LE RÔLE DES FACTEURS DE PROTECTION DANS UN ENVIRONNEMENT (SSE) À RISQUE POUR LE DÉVELOPPEMENT COGNITIF

Les relations entre le SSE et le QI de l'enfant (Reuchlin, 1989), entre le SSE et l'environnement familial et entre l'environnement familial et le QI de l'enfant (Gottfried, 1984 ; Palacio-Quintin et Jourdan-Ionescu, 1991) ont été largement démontrées du point de vue statistique. Mais en raison d'une grande variabilité interindividuelle et dans les environnements familiaux de chaque SSE (Wachs et Gruen, 1982), ces relations ne sont pas vraies pour un certain nombre de sujets. Il y a donc lieu de se demander si des facteurs de protection peuvent intervenir pour modifier cette relation – SSE bas → environnement familial défavorable → développement intellectuel faible de l'enfant. C'est une des questions auxquelles nous avons tenté de répondre dans notre programme de recherche sur les facteurs de risque et de protection dans l'environnement familial et social du jeune enfant.

LE CONTEXTE DE LA RECHERCHE

Il nous semblait essentiel de poser trois questions sur la relation entre SSE et développement cognitif de l'enfant :

1. Quel est le poids respectif d'une série de variables proximales de l'environnement dans le développement cognitif de l'enfant et quelles sont les interactions entre ces variables, c'est-à-dire entre elles et avec le SSE ?

2. L'interaction de ces variables varie-t-elle à l'intérieur de chaque SSE ?

3. Quels sont les facteurs de protection qui agissent dans les cas d'enfants de SSE défavorisé qui présentent un bon développement cognitif ?

   Compte tenu de ces objectifs, nous avons entrepris une étude dans laquelle les variables suivantes ont été considérées :

1. Le QI de l'enfant.

2. Une série de variables sociodémographiques comprenant l'âge et la scolarité de la mère et du père, l'occupation et la situation de travail de la mère, du père et des grands-parents, le nombre d'enfants dans la famille, l'ordre de naissance de l'enfant cible et le nombre de personnes par logement. À partir de certains de ces indices, nous avons déterminé

trois niveaux socio-économiques et culturels (SSEC): le niveau défavorisé, le niveau bas et le niveau moyen ou supérieur. En général, dans les travaux, le niveau défavorisé et le niveau bas sont réunis sous l'appellation « classe inférieure », tandis que les niveaux moyen et supérieur sont séparés en deux niveaux différents. Nous utilisons ici un autre regroupement en fonction des résultats obtenus dans nos recherches antérieures sur le développement cognitif (Palacio-Quintin, 1985; 1990). En effet, nous avons constaté que, même s'il existe des différences entre le niveau de développement cognitif des enfants des trois classes sociales habituelles, les différences entre les classes moyennes et supérieures sont très ténues, alors qu'il existe des différences très importantes entre la couche supérieure de la classe basse (gens avec métiers et au travail) et la population franchement défavorisée. C'est l'aspect culturel (à différencier de la simple scolarité) qui, à notre avis, joue ici un rôle. De là l'appellation que nous avons donnée aux catégories de niveaux socio-économiques et culturels : défavorisé, bas, moyen/supérieur.

3. L'environnement familial.

4. Les attitudes éducatives des parents (de la mère et du père), considérées du point de vue de la structuration éducative parentale (modèle de Lautrey, 1980).

5. Les valeurs éducatives de la mère et du père.

6. L'intelligence de la mère et l'intelligence du père.

L'intelligence du père, aussi bien que ses attitudes et ses valeurs éducatives sont des variables qui ont été presque totalement ignorées dans les études sur le développement cognitif de l'enfant. Nous connaissons encore très mal leur influence. L'intelligence de la mère a surtout été considérée dans la série d'études sur l'impact de l'hérédité (Scarr, 1981). Son rôle en tant qu'élément de l'environnement, c'est-à-dire dans la mesure où cette intelligence peut déterminer un certain nombre de comportements maternels, a été, par contre, peu investigué et les résultats disponibles sont contradictoires. Dans les recherches de Barnard, Bee et Hammond (1984) et de Yeates *et al.* (1983), la contribution de l'intelligence de la mère pour prédire le développement cognitif de l'enfant est insignifiante en comparaison de la contribution de l'environnement familial, alors que dans les travaux de Longstreth *et al.* (1981), c'est le contraire qui est rapporté.

Les variables « structure familiale » (monoparentale/biparentale), « origine culturelle de la famille » et « âge de l'enfant » ont été contrôlées par la procédure d'échantillonnage. Certaines études ont rappporté l'impact négatif de la monoparentalité dans le développement cognitif de l'enfant (Schinn, 1978), mais sans contrôler le SSE de la famille. Or, nous savons qu'une majorité de familles monoparentales se trouvent dans une situation de pauvreté. Par conséquent, on ne sait pas encore clairement si la monoparentalité *per se* a un impact sur le développement cognitif de l'enfant. Il a été démontré, par ailleurs, que les différences culturelles ont un impact sur les attitudes et les valeurs éducatives (LeVine, Miller et West, 1988) et qu'une caractéristique donnée de l'environnement n'a pas le même impact à un moment ou l'autre du développement de l'enfant (Wachs et Gruen, 1982). Il était donc important de contrôler ces variables et nous l'avons fait en recrutant un échantillon composé exclusivement de familles intactes, de race blanche et francophones de souche, ayant des enfants du même âge (4 ans).

QUELQUES QUESTIONS MÉTHODOLOGIQUES PRÉALABLES

Pour pouvoir aborder les deux questions qui nous intéressent particulièrement ici, à savoir la variation possible de l'influence des variables environnementales à l'intérieur de chaque SSEC et les facteurs de protection qui peuvent contrebalancer l'effet du SSEC défavorisé, quelques questions méthodologiques doivent être posées. En effet, nous savions déjà que le QI se distribue de façon plutôt symétrique dans notre population cible quand tous les SSEC sont confondus. Par contre, la distribution des QI est extrêmement asymétrique à l'intérieur de chaque SSE. Ce phénomène est illustré dans les figures 1*a* et 1*b*, qui présentent la distribution des QI globaux à l'Échelle d'intelligence préscolaire et primaire de Wechsler (WPPSI, Wechsler, 1967) pour 57 enfants québécois francophones de 4 ans (Palacio-Quintin et Jourdan-Ionescu, 1991).

Avec un échantillon de ce type, aucune analyse statistique, si raffinée soit-elle, n'aurait permis de répondre à nos questions. Nous avons donc décidé de recruter un échantillon atypique dans lequel nous aurions une même distribution de sujets selon le QI à l'intérieur de chaque SSEC (tableau 1). Cela nous a permis d'étudier en particulier les caractéristiques des sujets déviants par rapport aux tendances générales dans la population, c'est-à-dire les enfants défavorisés ayant un QI élevé et les enfants de SSEC moyen et supérieur ayant un QI bas.

FIGURE *1A*

Distribution (%) des QI globaux au WPPSI pour un échantillon de 57 enfants québécois de 4 ans

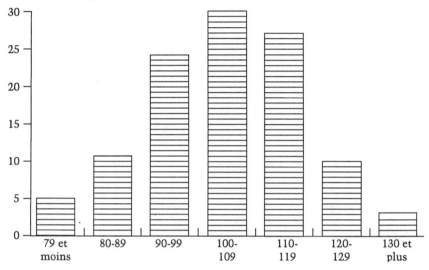

FIGURE *1B*

Distribution (%) des QI globaux au WPPSI pour un échantillon de 57 enfants québécois de 4 ans en fonction du niveau socio-économique et culturel (SSEC)

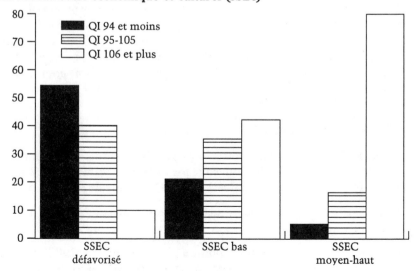

TABLEAU 1

Structure d'échantillonnage – échantillon (prévu) et *obtenu*

	SSEC défavorisé supérieur	SSEC bas	SSEC moyen
QI bas (< 95)	(10) *9*	(10) *10*	(10) *5*
QI moyen (de 95 à 105)	(10) *7*	(10) *11*	(10) *6*
QI élevé (>105)	(10) *5*	(10) *10*	(10) *10*

MÉTHODOLOGIE

ÉCHANTILLONNAGE

Les sujets se situant dans les cases extrêmes, c'est-à-dire les sujets à QI élevé de SSEC défavorisé et les sujets à QI bas de SSEC élevé ont été difficiles à trouver. À cela nous devons ajouter que certains refusent de participer. Obtenir la participation des parents de SSEC défavorisé est plus difficile : parfois la mère accepte, mais c'est le père qui refuse; d'autres fois, les parents acceptent, mais ils ne se présentent pas aux rendez-vous; dans certains cas encore, la collecte des données ne peut être complétée. Compte tenu de ces contraintes, nous sommes parvenus, à partir d'un échantillon de référence de 206 enfants de 4 ans (4 ans 0 mois à 4 ans 11 mois), issus de familles québécoises francophones intactes, à constituer un échantillon de 75 enfants, avec leurs parents, échantillon pour lequel l'ensemble des données ont pu être recueillies (tableau 1).

INSTRUMENTS DE MESURE

La variable dépendante, c'est-à-dire le niveau intellectuel de l'enfant, a été mesurée avec l'Échelle d'intelligence préscolaire et primaire de Wechsler (1967). Le QI verbal, le QI non verbal et le QI global ont été considérés.

Les diverses variables indépendantes ont été mesurées avec les instruments suivants :

1. Un questionnaire sociodémographique (Palacio-Quintin, 1989) a servi à recueillir les informations correspondant aux variables de contrôle

(structure familiale, origine culturelle et âge de l'enfant) ainsi qu'aux variables sociodémographiques étudiées. À partir de ces informations, le SSEC a été déterminé avec un indice composé de l'occupation, de la scolarité et de la situation de travail de la mère et du père.

2. L'intelligence de la mère et l'intelligence du père ont été évaluées à l'aide des Matrices progressives (Raven, 1962).

3. La version française (Palacio-Quintin, 1989) de l'inventaire HOME préscolaire (3 à 6 ans) construit et validé par Caldwell et Bradley (1979) a été utilisée pour décrire une série de caractéristiques de l'environnement familial.

4. Le type de structuration éducative parentale a été évalué auprès des mères et des pères à l'aide du Questionnaire sur la Structuration éducative parentale (QSEP, Palacio-Quintin et Lavoie, 1989). Ce questionnaire s'inspire des travaux de Lautrey (1980).

5. La liste de contrôle des valeurs de Lautrey (1980) a été utilisée afin de déceler les qualités que les parents désirent pour leurs enfants ainsi que les principes éducatifs qu'ils privilégient.

ANALYSE DES RÉSULTATS

Des analyses statistiques descriptives, des analyses de variance et des corrélations inter- et intra-SSEC ainsi qu'une analyse de la fonction discriminante ont été effectuées pour répondre à l'ensemble des questions de la recherche (Palacio-Quintin, 1995). À ces démarches statistiques, nous avons ajouté des analyses de cas du groupe d'enfants de SSEC défavorisé présentant un QI élevé.

LES RÉSULTATS

Observons d'abord trois types de résultats statistiques par rapport à la relation entre intelligence de la mère, intelligence de l'enfant et SSEC.

La corrélation entre l'intelligence de la mère et le QI de l'enfant pour l'ensemble de l'échantillon est très basse et non significative ($r = 0,10$; voir le tableau 2). Elle est également basse et non significative pour chaque groupe de QI de l'enfant, indiquant ainsi un poids insignifiant du facteur héréditaire. Mais une différence significative apparaît dans la variance des scores des mères au Raven quand on compare les groupes divisés en fonction du QI de l'enfant. Ce sont les mères ayant un enfant à QI élevé qui

TABLEAU 2

Moyenne des scores bruts (matrices de Raven) des mères et corrélations avec le QI des enfants selon les groupes de QI des enfants

	QI de l'enfant				F (p)
	Bas <95	Moyen 95 à 105	Élevé >105	Groupe entier	
Moyenne des scores bruts au Raven (écart type)	46,79 (7,90)	43,31 (8,88)	49,56 (8,61)	46,51 (8,77)	3,4 (<0,05)
R. entre le Raven et le QI de l'enfant	0,07 (n.s.)	0,06 (n.s.)	0,20 (n.s.)	0,10 (n.s.)	

ont les plus hauts scores au Raven, en comparaison du groupe à QI moyen (tableau 2).

Les scores moyens obtenus par les mères au Raven ne diffèrent pas, non plus, selon les groupes de SSEC ($F(2,74) = 0,07$). La corrélation entre les deux variables est également presque nulle ($r = 0,04$).

L'analyse discriminante effectuée avec l'ensemble des variables étudiées a permis de classer correctement 72 % des enfants dans leur catégorie de QI. Sept variables contribuent significativement à ce classement, mais l'intelligence maternelle ne figure pas parmi elles. Elle apparaît comme ayant une certaine contribution, mais la saturation (0,25) n'atteint pas le seuil de signification.

Tous ces résultats semblent indiquer que l'intelligence de la mère ne joue qu'un rôle secondaire dans le développement cognitif de l'enfant. Mais les résultats moyens observés dans les neuf sous-groupes issus de l'interaction SSEC-QI ont permis de dégager d'autres éléments particulièrement intéressants. Il ne s'agit pas de résultats significatifs statistiquement, mais ils méritent qu'on s'y arrête du point de vue qualitatif.

Un phénomène spécial se dégage chez les mères de SSEC défavorisé ayant des enfants à QI élevé. L'analyse de ces cas nous montre que ces mères ont toutes un niveau intellectuel supérieur au percentile 50 (deux mères se situent au percentile 95, deux autres au percentile 75 et une au percentile 50+) et que leur niveau est supérieur non seulement à celui des autres mères de même SSEC mais aussi à celui des mères de tous les sous-groupes des autres SSEC. Il est donc possible de croire que l'intelligence de la mère joue un rôle de protection ou de compensation dans les milieux défavorisés, en agissant sur l'environnement offert à l'enfant. C'est grâce à leur intelligence que ces mères semblent pouvoir, malgré le manque de ressources, créer des conditions propices au bon développement cognitif de l'enfant. En effet, malgré les résultats du HOME, selon lesquels l'environnement est plus favorable dans les SSEC élevés (F = 11,54, p < 0,001), le score à cette mesure dans ces foyers (SSEC défavorisé ayant un enfant avec QI élevé) s'écarte de cette tendance. Leur score est supérieur à celui obtenu par les autres foyers de SSEC défavorisé (36,4 contre 32,6) et il est très proche de la moyenne de l'ensemble de l'échantillon (37,85). Il est aussi à noter que ces mêmes mères ont un niveau d'instruction plus élevé que les autres mères de SSEC défavorisé, se rapprochant davantage de celui des mères de SSEC plus élevé.

Il nous semble important de souligner d'autres caractéristiques chez les mères défavorisées ayant des enfants à QI élevé. En effet, nous avons constaté qu'au niveau des valeurs éducatives, elles partagent plutôt les choix des SSEC plus élevés, comme, par exemple, l'importance de développer la curiosité de l'enfant. En outre, elles sont les seules à privilégier la persévérance comme une qualité désirée pour leur enfant. Cette persévérance se manifeste également dans leur propre comportement. Malgré leur situation économique et sociale, ces femmes posent des gestes visant soit une autonomie future, soit une amélioration de leurs conditions de vie actuelles. Par exemple, nous avons observé que deux mères se sont inscrites aux études collégiales, une mère s'implique socialement, en participant très activement dans la garderie que fréquente son enfant, une autre mère profite des offres gratuites de livres, etc.

En milieu défavorisé, l'intelligence de la mère semble donc constituer un facteur de protection important pour le développement cognitif de l'enfant, facteur qui fait échec au risque constitué par le SSEC défavorisé. Mais ce facteur n'agit probablement pas de façon isolée et se combine plutôt à d'autres conditions ou valeurs, comme la persévérance, qui paraît non seulement une qualité désirée pour leur enfant, mais aussi une caractéristique de la personnalité de ces mères.

CONCLUSION

L'approche adoptée dans cette analyse a permis de donner un sens aux observations, sens qu'il n'aurait pas été possible de dégager si nous nous en étions tenus aux résultats statistiques généraux ou à un échantillon représentatif de la population. En effet, comme nous l'avons vu, les analyses statistiques nous montraient que l'intelligence de la mère n'est pas reliée au QI de l'enfant ni au SSEC de la famille. Des analyses intra-SSEC et des analyses plus descriptives et qualitatives des sous-groupes déviants mises en relation avec les résultats généraux nous ont permis de mettre en lumière le fait que l'intelligence de la mère semble avoir un rôle non pas en tant que facteur génétique mais en tant que facteur de contrepoids à des conditions environnementales connues comme étant adverses pour le développement cognitif de l'enfant. En effet, l'intelligence de la mère apparaît comme jouant un rôle seulement dans les cas de situation socio-économique difficile. Elle semble être un outil qui permet à la mère de surmonter les carences de l'environnement et de fournir à l'enfant des conditions plus propices à son développement cognitif.

Les analyses effectuées ici permettent de mettre en relief l'importance d'entreprendre des études sur les facteurs de protection pouvant interagir avec les facteurs sociaux de risque. L'intérêt d'étendre le concept de protection à d'autres domaines que celui de la pathologie, en particulier à celui de l'étude du développement de l'enfant, nous semble évident. Il faudrait néanmoins préciser le concept de protection (Cicchetti et Cohen, 1995). Dans une problématique du développement comme celle que nous avons abordée, le facteur de risque peut être défini comme une absence ou une diminution de stimuli pertinents. Il serait donc plus approprié d'étendre ou de reformuler le concept de facteur de protection en le définissant comme un facteur de compensation ou un réducteur de risque.

Dans ce contexte, nous proposons donc de privilégier le modèle d'analyse présenté dans le tableau 3.

TABLEAU 3

Modèle d'analyse des facteurs de risque et de protection

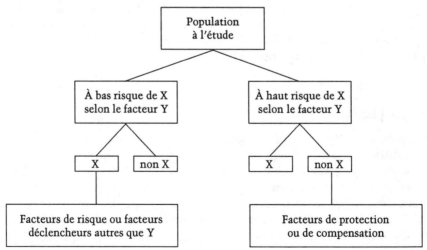

Pour arriver à une véritable compréhension de la dynamique des facteurs qui peuvent expliquer le devenir différent des enfants dits à risque, autant les aspects normatifs ou résultats valides statistiquement que les aspects non normatifs ou « cas déviants » doivent être considérés. En d'autres termes, l'accent doit être mis non seulement sur le groupe de sujets qui confirment les prédictions de risque, mais aussi, et même plus particulièrement, sur le groupe de sujets qui infirment les prédictions.

NOTICES BIOGRAPHIQUES

Urie Bronfenbrenner est Professeur émérite au Département du développement humain et des études sur la famille de l'Université Cornell (New York). En plus d'avoir réalisé des travaux empiriques d'envergure sur différentes dimensions du développement socioémotionnel et cognitif durant l'enfance, ses contributions à l'étude du développement et des familles sont souvent associées à l'émergence de la perspective écologique en recherche. De plus, le professeur Bronfenbrenner est régulièrement consulté par les instances gouvernementales des États-Unis et des Nations Unies en matière de politique sociale à l'égard des enfants et de la famille.

Richard Cloutier, Madeleine Beaudry, Sylvie Drapeau, Christine Samson, Gilles Mireault, Marie Simard et Jacques Vachon
Les auteurs font partie de l'équipe « Jeunes et familles en transition » (JEFET) du Centre de recherche sur les services communautaires de l'Université Laval à Québec. L'équipe JEFET vise à développer des connaissances sur les transitions familiales, notamment sur la qualité des liens, des rôles et des interactions familiales dans les situations de transition et sur les contextes dans lesquels elles s'inscrivent. Les chercheurs proviennent des disciplines suivantes : le service social, la psychologie, la sociologie et les sciences de l'éducation. Les travaux de l'équipe se font surtout en partenariat avec les milieux de pratique (centres jeunesse et milieux scolaires) et portent sur deux types de transitions auxquelles sont confrontés parents et enfants : celles qui sont générées par la séparation parentale et celles qui sont générées par le placement d'un enfant en protection de la jeunesse.

Marie Julien est Agente de recherche à la Direction de la santé publique de la Régie régionale de la santé et des services sociaux de la Montérégie. Ses intérêts de recherche s'inscrivent dans une perspective d'expérimentation de programmes de prévention et de promotion de la santé. Ils concernent entre autres le développement des nourrissons et l'épidémiologie du suicide.

Ercilia Palacio-Quintin est Professeure titulaire au Département de psychologie de l'Université du Québec à Trois-Rivières. Fondatrice du Groupe de recherche en développement de l'enfant et de la famille (GREDEF), elle s'intéresse particulièrement aux questions de contextualisation du développement et de psychopathologie développementale. Ses recherches actuelles portent sur les enfants maltraités et leurs familles.

Andrée Pomerleau et **Gérard Malcuit** sont Professeurs au Département de psychologie de l'Université du Québec à Montréal. Ils codirigent le Laboratoire d'étude du nourrisson. Leurs recherches portent sur les processus d'attention, d'habituation et d'apprentissage chez le nourrisson, ainsi que sur les facteurs de l'environnement physique et social susceptibles de favoriser, ou, au contraire, d'entraver le développement des conduites pendant la petite enfance.

George M. Tarabulsy est Professeur adjoint au Département de psychologie de l'Université du Québec à Trois-Rivières et membre du Groupe de recherche sur le développement de l'enfant et de la famille. Ses recherches concernent l'analyse des interactions chez des familles provenant de différents milieux, le stress vécu par les familles et le développement de la relation d'attachement mère–enfant. Il est codirecteur de la collection « D'Enfance ».

Réjean Tessier est Professeur titulaire à l'École de psychologie de l'Université Laval (Québec) et membre du Groupe de recherche sur l'inadaptation psychosociale chez l'enfant. Il s'intéresse au développement des compétences sociales chez les enfants à risques sur les plans biologique et psychosocial et au rôle des premières relations familiales sur l'ajustement ultérieur de l'enfant. Il est codirecteur de la collection « D'Enfance ».

BIBLIOGRAPHIE

ADAMAKOS, H., RYAN, K. et ULLMAN, D.G. (1986). Maternal social support as a predictor of mother-child stress and stimulation. *Child Abuse and Neglect, 10*, 463-470.

AHRONS, C. (1981). The continuing coparental relationship between divorce spouses. *American Journal of Orthopsychiatry, 51*, 415-428.

AHRONS, C. (1983). Predictors of paternal involvement post-divorce: mothers and fathers perceptions. *Journal of Divorce, 3*, 189-205.

ALEXANDRA, H., COGILL, S. et CAPLAN, H. (1982). A study of the impact of maternal depression following childbirth. *Proceedings of the Conference on Motherhood and Mental Illness.* London: Institute of Psychiatry.

AMATO, P.R. et KEITH, B. (1991). Parental divorce and the well-being of children: A meta-analysis. *Psychological Bulletin, 110*, 26-46.

ANTHONY, E.J. (1974). The syndrome of the psychologically invulnerable child. In E.J. Anthony et C. Koupernick (Ed.), *The Child in his Family. Vol. III: Children at Psychiatric Risk.* New York: Wiley, 529-544.

ANTHONY, E.J. et COHLER, B. (Ed.) (1987). *The Invulnerable Child.* New York: Guilford Press.

BAILEY, W.T. (1987). Infancy to age five: Predicting fathers' involvement. Communication présentée au 12e congrès de la Society for Research in Child Development, Baltimore.

BALDWIN, W. et CAIN, V. (1980). The children of teenage parents. *Family Planning Perspectives, 12*, 34-43.

BARNARD, K.E., BEE, H.L. et HAMMOND, M.A. (1984). Home environment and cognitive development in a healthy, low-risk sample: The Seattle study. In A.W. Gottfried (Ed.), *Home Environment and Early Cognitive Development,* London: Academic Press.

BARNARD, K.E., BOOTH, C.L., MITCHELL, S.K. et TELZROW, R.W. (1988). Newborn nursing models: A test of early intervention to high-risk infants and families. In E.D. Hibbs (Ed.), *Children and Families. Studies in Prevention and Intervention.* New York: International Universities Press.

BAROCAS, R., SEIFER, R., SAMEROFF, A.J., ANDREWS, T.A., CROFT, R.T. et OSTROW, E. (1991). Social and interpersonal determinants of developmental risk. *Developmental Psychology, 27*, 479-488.

BARRERA, M. (1980). A method for the assessment of social support networks in community survey research. *Connections, 3*, 8-13.

BARRERA, M. (1981). Social support in the adjustment of pregnant adolescents: assessment issues. In B.H. Gotlib (Ed.), *Social Network and Social Support.* Beverly Hills: Sage.

BARRERA, M. (1986). Distinctions between social support concepts, measures and models. *American Journal of Community Psychology: 14*(4): 413-445.

BASKIN, C., UMANSKY, W. et SANDERS, W. (1987). Influencing the responsiveness of adolescent mothers to their infants. *Zero to Three, VIII*(2), 7-11.

BEAUDRY, M., PRÉVOST, J.-M. et BOISVERT, J.-M. (1989). *Séparaction: projet de recherche auprès des femmes séparées. Manuel des participantes.* Québec, École de service social, Université Laval.

BECK, A.T., RUSH, A.J., SHAW, B.F. et EMERY, G. (1979). *Cognitive Therapy of Depression.* New York: Guilford Press.

BECK, A.T., STEER, R.A. et GORBIN, M.G. (1988). Psychometric properties of the Beck Depression Inventory: Twenty-five years of investigations. *Clinical Psychology Review, 8*, 77-100.

BELLE D. (1982). *Lives in Stress, Women and Depression.* Beverly Hills, Sage Publications.

BELSKY, J. (1981). Early human experience: A family experience. *Developmental Psychology, 17*(1), 3-23.

BELSKY, J., FISH, M. et RUSSELL, A. (1991). Continuity and discontinuity in infant negative and positive emotionality family antecedents and attachment consequences. *Developmental Psychology, 27*, 421-431.

BELSKY, J., STEINBERG, L. et DRAPER, P. (1991). Childhood experience, interpersonal development and reproductive strategy: An evolutionary theory of socialization. *Child Development, 62,* 647-670.

BERNSTEIN, V.J. (1987). Screening for social-emotional impairment in infants born to teenage mothers. Communication présentée au 12e congrès de la Society for Research in Child Development, Baltimore.

BERSTEIN, B.B. (1964). Elaborated and restricted codes: Their social origins and some consequences. *American Anthropologist, 66,* 55-69.

BILLER, H.B. (1993). *Fathers and Family: Paternal Factors in Child Development.* Londres: Auburn House.

BLOOM, B. (1956). *Taxonomy of Educational Objectives: Handbook I. Cognitive Domain.* New York: David McKay.

BOISVERT, J.-M. et JULIEN, M. (1991). *Prévention de la dépression chez les femmes séparées: élaboration d'un programme et évaluation d'impact.* Québec, Rapport de recherche soumis au Conseil québécois de recherche sociale, Ministère de la Santé et des Services sociaux.

BORNSTEIN, M.H. (1988). Mothers, infants and the development of cognitive competence. In H.E. Fitzgerald (Ed.), *Theory and Research in Behavioral Pediatrics. Vol. 4.* New York: Plenum Press.

BOUCHARD, C. (1981). Perspectives écologiques de la relation parent(s)-enfant: des compétences parentales aux compétences environnementales. *Apprentissage et Socialisation, 4,* 4-23.

BOUCHARD, C. (1983). L'intervention psychosociale et la violence envers les enfants: une réflexion critique sur la politique québécoise. *Santé Mentale au Québec, 80,* 140-146.

BOUCHARD, C. et TESSIER, R. (1996). Conduites à caractère violent à l'endroit des enfants. In Santé Québec; Lavallée, L., Clarkson, M. et Chénard, L. (Ed.). Conduites à caractère violent dans la résolution de conflits entre proches, monographie n° 2. Enquête sociale et de santé 1992-1993, Montréal, ministère de la Santé et des Services sociaux, Gouvernement du Québec.

BOURQUE, P. et BEAUDETTE, D. (1982). Étude psycho-métrique du questionnaire de dépression de Beck auprès d'un échantillon d'étudiants universitaires francophones. *Revue Canadienne des Sciences du Comportement, 14*(3), 211-218.

BRADLEY, R.H. et CALDWELL, B.M. (1976a). The relation of infants home environments to mental test performance at 54 months : A follow-up study. *Child Development, 47,* 1172-1174.

BRADLEY, R.H. et CALDWELL, B.M. (1976b). Early home environment and changes in mental test performance from 6 to 36 months. *Developmental Psychology, 12,* 93-97.

BRADLEY, R.H. et CALDWELL, B.M (1980). Home environment, cognitive competence and I.Q. among males and females. *Child Development, 51,* 1140-1148.

BRADLEY, R.H., CALDWELL, B.M., ROCK, S.L., RAMEY, C.T., BARNARD, K.E., GRAY, C., HAMMOND, M.A., MITCHELL, S., GOTTFRIED, A.W., SIGEL, L. et JOHNSON, D. (1989). Home environment and cognitive development in the first 3 years of life : A collaborative study involving six sites and three ethnic groups in North America. *Developmental Psychology, 25,* 217-235.

BRADLEY, R.H., WHITESIDE, L., MUNDFROM, D.J., CASEY, P.H., KELLEHER, K.J. et POPE, S.K. (1994). Early indications of resilience and their relation to experiences on the home environments of low birth-weight, premature children living in poverty. *Child Development, 65,* 346-360.

BROCKINGTON, I.F. (1985). Mental disorders occurring in mothers of young children. *Marce Society Bulletin,* automne, 22-29.

BRONFENBRENNER, U. (1977). Toward an experimental ecology of human development. *American Psychologist, 32,* 513-531.

BRONFENBRENNER, U. (1979). Contexts of child rearing : Problems and prospects. *American Psychologist, 34,* 844-850.

BRONFENBRENNER, U. (1996). Le modèle « Processus-Personne-Contexte-Temps » dans la recherche en psychologie du développement : principes, applications et implications. In R. Tessier et Tarabulsy, G.M. (Ed.), *Le modèle écologique dans l'étude du dévelopement de l'enfant,* Collection D'Enfance, Québec, Presses de l'Université du Québec, 9-59.

BROUSSARD, E.R. (1976). Neonatal prediction and outcome at 10/11 years. *Child Psychiatry and Human Development, 7,* 85-93.

BROUSSARD, E.R. et HARTNER, M.S.S. (1970). Maternal perception of the neonate as related to development. *Child Psychiatry and Human Development, 1,* 16-25.

BROWN, G.W. et HARRIS, T. (1978). *Social Origins of Depression: A Study of Psychiatric Disorder in Women*. New York, The Free Press.

BROWN, J.H., EICHENBERGER, S.A., PORTES, P.R. et CHRISTENSEN, D.N. (1991). Family functioning factors associated wih the adjusment of children of divorce. *Journal of Divorce and Remarriage, 17*, 81-95.

CALDWELL, B.M. et BRADLEY, R.H. (1979). *Home Observation of Measurement of the Environment*. Little Rock: University of Arkansas.

CAMPBELL, S.B. et COHN, J.F. (1991). Prevalence and correlates of postpartum depression in first-time mothers. *Journal of Abnormal Psychology, 100*, 594-599.

CAREY, W.B. (1970). A simplified method of measuring infant temperament questionnaire. *Journal of Pediatrics, 77*, 188-194.

CAREY, W.B. et McDEVITT, S.C. (1978). Revision of the infant temperament questionnaire. *Pediatrics, 61*, 735-739.

CARLSON, D.B., LABONDA, R.C., SCALFANI, J.D. et BOWERS, C.A. (1986). Cognitive and motor development in infants of adolescent mothers: A longitudinal analysis. *International Journal of Behavioral Development, 9*, 1-13.

CARROLL, B.J., FEINBERG, M., SMOUSE, P.E., RAWSON, S.G. et GREDEN, J.F. (1981). The Carroll rating scale for depression. 1. Development, reliability and validation. *British Journal of Psychiatry, 138*, 194-200.

CHAMBERLAND, C. (1996). Écologie et prévention: pertinence pour la santé communautaire. In R. Tessier et G.M. Tarabulsy (Ed.), *Le modèle écologique dans l'étude du développement de l'enfant*, Collection D'Enfance, Québec, Presses de l'Université du Québec, 60-79.

CICCHETTI, D. et COHEN, D.J. (Ed.) (1995). *Developmental Psychopathology*. Vol. 1 et 2. New York: John Wiley & Sons.

CLOUTIER, R. (1985). L'expérience de l'enfant dans sa famille et son adaptation future. *Apprentissage et Socialisation, 8*, 87-100.

COHEN, S. et SYME, S.L. (Ed.) (1985). Issues in the study and application of social support, in *Social Support and Health*. New York, Academic Press.

COLIN, C. et DESROSIERS, H. (1989). Naître égaux et en santé. Avis sur la grossesse en milieu défavorisé. Vol. 3. *La périnatalité au Québec*. Québec, ministère de la Santé et des Services Sociaux.

CONSEIL DES AFFAIRES SOCIALES (1989). *Deux Québec dans un*. Rapport sur le développement social et démographique. Montréal : Gaëtan Morin Éditeur.

COPELAND, A.D. (1981). The impact of pregnancy on adolescent psychosocial development. *Adolescent Psychology, 9*, 244-253.

COX, J.L., CONNOR, Y. et KENDELL, R.E. (1982). Prospective study of the psychiatric disorders of childbirth. *British Journal of Psychiatry, 140*, 111-117.

CRNIC, K. et GREENBERG, M. (1987). Maternal stress, social support and coping: Influences on the early mother-infant relationship. In C.F. Boukydis (Ed.), *Research on Support for Parents and Infants in the Postnatal Period*. Norwood, NJ : Ablex.

CROCKENBERG, S. (1987). Support for adolescent mothers during the postnatal period: Theory and practice. In C.F. Boukydis (Ed.), *Research on Support for Parents and Infants in the Postnatal Period*. Norwood, NJ : Ablex.

CROCKENBERG, S., LYONS-RUTH, K. et DICKSTEIN, S. (1993). The family context of infant mental health: II. Infant development in multiple family relationships. In C.H. Zeanah, Jr. (Ed.), *Handbook of Infant Mental Health*. New York : Guilford Press, 38-55.

CROCKENBERG, S. et McCLUSKEY, K. (1986). Change in maternal behavior during the baby's first year of life. *Child Development, 57*, 746-754.

CULP, A.M., OSOFSKY, J.D. et O'BRIEN, M. (1996). Language patterns of adolescent and older mothers and their one-year-old children: A comparison study. *First Language, 16*, 61-76.

CUTRONA, C.E. (1984). Social support and stress in the transition to parenthood. *Journal of Abnormal Psychology, 93*(4), 378-390.

CUTRONA, C.E. et TROUTMAN, B.R. (1986). Social support, infant temperament, and parenting self-efficacy: A mediational model of postpartum depression. *Child Development, 57*, 1507-1518.

DALTON, K. (1971). Prospective study into puerperal depression. *British Journal of Psychiatry, 118* : 689-692.

DEMO, D.H. (1992). Parent-child relations: Assessing recent changes. *Journal of Marriage and the Family, 54*, 104-117.

DEMO, D.H. et ACOCK, A.C. (1988). The impact of divorce on children. *Journal of Marriage and the Family, 50*, 619-648.

DESFOSSÉS, E. et BOUCHARD, C. (1984). *Événements critiques, qualité du soutien social et qualité des conduites parentales.* Communication présentée au VIIIᵉ Congrès de la Société québécoise de recherche en psychologie.

DOHRENWEND, B.S. et DOHRENWEND, B.P. (1984). Life stress and illness: Formulation of the issues. In B.S. Dohrenwend et B.P. Dohrenwend (Ed.). *Stressful Life Events and their Contexts.* New York: Rutgers University Press.

DRAPEAU, S., MIREAULT, G., CLOUTIER, R., CHAMPOUX, L. et SAMSON, C. (1993). *Évaluation d'un programme d'intervention préventive s'adressant aux enfants de parents séparés: le programme « EntramiS ».* Québec, Université Laval, Centre de recherche sur les services communautaires.

DUMAS, J.E. (1986). Indirect influence of maternal social contacts on mother-child interactions: A setting event analysis. *Journal of Abnormal Child Psychology, 14,* 205-216.

DUNCAN, G.J., BROOKS-GUNN, J. et KLEBANOV, P.K. (1994). Economic deprivation and early-childhood development. *Child Development, 65,* 296-318.

EDWARDS, C.P., LOGUE, M.E., LOEHR, S. et ROTH, S. (1986). The influence of model infant-toddler group care on parent-child interaction at home. *Early Childhood Research Quarterly, 1,* 317-332.

EGELAND, B., CARLSON, E. et SROUFE, L.A. (1993). Resilience as process. *Development and Psychopathology, 5,* 517-530.

ESCALONA, S.K. (1982). Babies at double hazard: Early development of infants at biological and social risk. *Pediatrics, 70,* 670-676.

ÉTHIER, L. (1996). Indices de dépression liés à la manifestation de violence versus de négligence. Communication présentée au Séminaire sur l'analyse différentielle des formes d'abus et de négligence envers les enfants et du risque de maltraitance, Trois-Rivières (Québec).

FELNER, R.D., BRAND, S., DUBOIS, D.L., ADAN, A.M., MULHALL, P.F. et EVANS, E.G. (1995). Socioeconomic disadvantage, proximal environmental experiences, and socioemotional academic adjustment in early adolescence: Investigation of a mediated effect model. *Child Development, 66,* 774-792.

FIELD, T. (1980). Interactions of preterm and term infants with their lower and middle-class teenage and adult mothers. In T. Field, S. Goldberg, D. Stern et A. Sostek (Ed.), *High Risk Infants and Children: Adult and Peer Interactions.* New York: Academic Press.

FIELD, T. (1982). Infants born at risk: Early compensatory experiences. In L.A. Bond et J.M. Joffe (Ed.), *Facilitating Infant and Early Childhood Development.* Hanover et London: University Press of New England.

FIELD, T. (1984). Early interactions between infants and their postpartum depressed mothers. *Infant Behavior and Development, 7,* 517-522.

FIELD, T. (1986). Models for reactive and chronic depression in infancy. In E.Z. Tronick et T. Field (Ed.), *Maternal Depression and Infant Disturbance. New Directions for Child Development, 34.* San Francisco: Jossey-Bass.

FIELD, T. (1987). Affective and interactive disturbances in infants. In J.D. Osofsky (Ed.), *Handbook of Infant Development.* New York: Wiley.

FIELD, T. et PAWLBY, S. (1980). Early face to face interactions of British and American working and middle class mother-infant dyads. *Child Development, 51,* 250-253.

FIELD, T., SANDBERG, D., GARCIA, R., VEGA-LAHR, N., GOLDSTEIN, S. et GUY, L. (1985). Pregnancy problems, postpartum depression and early mother-infant interactions. *Developmental Psychology, 21,* 1152-1156.

FIELD, T. et SOSTEK, A. (1983). *Infants Born at Risk: Physiological, Perceptual and Cognitive Processes.* New York: Grune.

FIELD, T., WIDMAYER, S., STOLLER, S. et DE CUBAS, M. (1986). School-age parenthood in different ethnic groups and family constellation: Effects on infant development. In J.B. Lancaster et B.A. Hamburg (Ed.), *School-Age Pregnancy and Parenthood. Biosocial Dimensions.* New York: Aldine De Gruyter.

FLEMING, A.S., RUBLE, D.N., FLETT, G.L. et SHAUL, D.L. (1988). Postpartum adjustment in first-time mothers: Relations between mood, maternal attitudes and mother-infant interactions. *Developmental Psychology, 24,* 71-81.

FORMAN, S. (1979). Effects of socio-economic status on creativity in elementary school children. *Creative Child and Adult Quarterly, 4* (2), 87-92.

FRANKENBURG, W.K., EMDE, R.N. et SULLIVAN, J.W. (Ed.) (1985). *Early Identification of Children at Risk. An International Perspective.* New York et London: Plenum Press.

FURSTENBERG, F.F. Jr., BROOKS-GUNN, J. et CHASE-LANDSDALE, L. (1989). Teenaged pregnancy and childrearing. *American Psychologist, 44,* 313-320.

GARCIA COLL, C.T., HOFFMAN, J. et OH, W. (1987). The social ecology and early parenting of Caucasian adolescent mothers. *Child Development, 58,* 955-964.

GARMEZY, N. (1974). Children at risk: The search for antecedents of schizophrenia. I. Conceptual models and research methods. *Schizophrenia Bulletin, 8,* 14-90.

GARMEZY, N. (1981). Children under stress: Perspectives on antecedents and correlates of vulnerability and resistance to psychopathology. In A.I, Rubin, J. Aronoff, A.M. Barclay et R.A. Zucker (Ed.), *Further Explorations in Personality.* New York: Wiley, 196-269.

GARMEZY, N. (1985). Stress resistant children: The search for protective factors. In J. Stevenson (Ed.), *Recent Research in Developmenlal Psychopathology.* Oxford: Pergamon Press (supplément au numéro 4 du *Journal of Child Psychology and Psychiatry*).

GARMEZY, N. (1993). Children in poverty: Resilience despite risk. *Psychiatry, 56,* 127-136.

GARMEZY, N. et TELLEGREN, A. (1984). Studies of stress-resistant children: Methods, variables, and preliminary findings. In F. Morrison, C. Lord et D. Keating (Ed.), *Advances in Applied Developmental Psychology* (Vol. 1). New York: Academic Press.

GAUTHIER, J., MORIN, C., THÉRIAULT, F. et LAWSON, J.S. (1982). Adaptation française d'une mesure d'auto-évaluation de l'intensité de la dépression. *Revue québécoise de psychologie, 3*(2), 13-24.

GAUTHIER, Y. et RICHER, S. (1977). *L'activité symbolique et l'apprentissage scolaire en milieu favorisé et défavorisé.* Montréal: Presses de l'Université de Montréal.

GENDRON, Y. et PALACIO-QUINTIN, E. (1982). *L'évolution graphique d'enfants âgés de six à douze ans en fonction de divers niveaux socioéconomiques.* Communication présentée au Congrès de l'Association canadienne-française pour l'avancement des sciences.

GLASER, R. (1978). *Advances in Instructional Psychology*. Hillsdale, NJ: Erlbaum.

GOTLIB, I.H., WHIFFEN, V.E., MOUNT, J.H., MILNE, K. et CORDY, N.I. (1989). Prevalence rates and demographic characteristics associated with depression in pregnancy and the postpartum. *Journal of Consulting and Clinical Psychology*, 57(2), 269-274.

GOTTFRIED, A. (1985). Measures of socioeconomic status in child development research: Data and recommendations. *Merrill-Palmer Quarterly*, *31*, 85-92.

GOTTLIEB, F. (1986). Continuity and change. In H.C. Fishman et Rosman, B.L. (Ed.), *Evolving Models for Family Change*. New York: Guilford Press.

GUILBERT, E. (1985). Médecine de l'adolescence – La contraception. *Le Médecin du Québec, 27,* 32.

GUILFORD, J.P. (1977). *The Nature of Human Intelligence*. New York: McGraw-Hill.

HALL, L.A., WILLIAMS, C.A. et GREENBERG, R.S. (1985). Supports, stressors and depressive symptoms in low-income mothers of young children. *American Journal of Public Health, 75*(5), 518-522.

HALPERN, R. (1990). Poverty and early childhood parenting: Toward a framework for intervention. *American Journal of Orthopsychiatry, 60,* 6-18.

HAMMER, M., GUTWIRTH, L. et PHILIPS, S.L. (1982). Parenthood and social networks. *Social Science and Medicine, 16,* 2091-2100.

HARRIS, B., HUCKLE, P., THOMAS, R., JOHNS, S. et FUNG, H. (1989). The use of rating scales to identify post-natal depression. *British Journal of Psychiatry, 154,* 813-817.

HART, B. et RISLEY, T.R. (1995). *Meaningful Differences in Everyday Experience of Young American Children*. Baltimore: Brookes.

HAY, D.F. et KUMAR, R. (1995). Interpreting the effects of mothers' post-natal depression on children's intelligence: A critique and re-analysis. *Child Psychiatry and Human Development, 25*(3): 165-168.

HEBERT, J. et WILSON, H. (1977). Socially handicapped children. *Child Care, Health and Development, 3*(1), 13-21.

HECHTMAN, L. (1989). Teenage mothers and their children: Risks and problems: A review. *Canadian Journal of Psychiatry, 34,* 569-575.

HETHERINGTON, E.M., STANLEY-HAGAN, M. et ANDERSON, E.R. (1989). Marital transitions: A child's perspective. *American Psychologist, 44*, 302-312.

HINDE, R. et STEVENSON-HINDE, J. (1990). Attachment: Biological, cultural and individual desiderata. *Human Development, 33*, 48-61.

HOPFOLL, L., RITTER, C., LAVIN, J., HULSIZER, M.R. et CAMERON, R.P. (1995). Depression prevalence and incidence among inner-city pregnant and postpartum women, *Journal of Consulting and Clinical Psychology, 63*(3), 445-453.

HOPKINS, J., MARCUS, M. et CAMPBELL, S.B. (1984). Postpartum depression: A critical review. *Psychological Bulletin, 95*(3), 498-515.

HOUDE, L. (1977). *Instrument de dépistage des troubles affectifs chez les jeunes enfants.* DSC Hôpital du Haut Richelieu, Séminaires en santé mentale.

HOUSE, J.S. et KAHN, R.L. (1985). Measures and concepts of social support. In S. Cohen et Syme, S.L. (Ed.), *Social Support and Health*, New York: Academic Press.

HUSTON, A.C. (1991). *Children in Poverty: Child Development and Public Policy.* New York: Cambridge University Press.

HUSTON, A.C. (1994). *Children in Poverty: Designing Research to Affect Policy. Social Policy Report SRCD, 8*(2), 1-12.

JEANNERET, O., SAND, E.A., DESCHAMPS, J.P. et MANCIAUX, M. (1983). *Les adolescents et leur santé.* Montréal: Flammarion, Médecine sciences, Presses de l'Université de Montréal.

JULIEN, M., POMERLEAU, A., MALCUIT, G., FLANDERS, T.R., LAMARRE, G., MOREAU, J. et SÉGUIN, R. (1992). Le problème du recrutement et du maintien d'une population de milieu socio-économique défavorisé dans une étude longitudinale. *Science et Comportement, 22*(3-4), 263-277.

JUTRAS, S. (1986). La prévention prénatale: la situation de la femme en milieu défavorisé. Document de travail. Université de Montréal, Groupe de recherche sur les aspects sociaux de la prévention en santé et sécurité du travail.

KANNER, A.P., COYNE, J.C., SHAEFER, C. et LAZARUS, R.S. (1981). Comparison of two modes of stress measurement: Daily hassles and uplifts versus major life events. *Journal of Behavioral Medicine, 4*(1), 1-39.

KILBRIDE, H.W., JOHNSON, D.L. et STREISSGUTH, A.P. (1977). Social class, birth order, and newborn experience. *Child Development, 48,* 1686-1688.

KUCZYNSKI, L. et KOCHANSKA, G. (1990). Predicting children's problem behaviors from the context of maternal demands. Communication présentée à l'International Conference on Infant Studies, Montréal.

LAMB, M.E., ELSTER, A.B., PETERS, L.J., KAHN, J.S. et TAVARE, J. (1986). Characteristics of married and unmarried adolescent mothers and their partners. *Journal of Youth and Adolescence, 15,* 487-496.

LAMB, M.E., HOPPS, K. et ELSTER, A.B. (1987). Strange situation behavior of infants with adolescent mothers. *Infant Behavior and Development, 10,* 39-48.

LANDY, S., SCHUBERT, J., CLELAND, J.F. et MONTGOMERY, J.S. (1984). The effect of research with teenage mothers on the development of their infants. *Journal of Applied Social Psychology, 14,* 461-468.

LAUTREY, J. (1980). *Classe sociale, milieu familial, intelligence.* Paris : Presses universitaires de France.

LAVOIE, H. et LAVOIE, F. (1986). Problèmes liés à la grossesse et à la maternité chez les adolescentes. *Apprentissage et Socialisation, 9,* 221-229.

LEE, C.L. et BATES, J.E. (1985). Mother-child interaction at age two years and perceived difficult temperament. *Child Development, 56,* 1314-1325.

LEMIEUX, N. (1993). *L'ajustement de l'enfant à la séparation : évaluation d'un programme portant sur les relations coparentale et parentale.* Thèse de doctorat non publiée. Québec, Université Laval, École de psychologie.

LEMIEUX, N. et CLOUTIER, R. (1991). *Le programme « Entreparents » : développement d'un outil de promotion de la coparentalité.* Québec, Université Laval, École de psychologie.

LEPAGE, L. (1984). *Adaptation et validation d'une mesure de réseau de support social applicable en soins infirmiers.* Mémoire de maîtrise, Université de Montréal.

LEPAGE, L., VÉZINA, L. et DESROSIERS, M. (1990). *L'évolution du réseau de support social des parents au cours de la période entourant la naissance d'un enfant.* Rapport de recherche, Québec.

LEROUX, S., MALCUIT, G., POMERLEAU, A. et NANTEL, M.-A. (1993). Évaluer les stimulations quotidiennes du nourrisson à l'aide d'un journal de bord. *Apprentissage et Socialisation, 16*, 143-152.

LEVINE, R.A., MILLER, M. et WEST, M.M. (Ed.) (1988). *Parental Behavior in Diverse Societies. New Directions for Child Development.* San Francisco, Cal.: Jossey Bass Inc.

LEWIS, M. et WILSON, C.D. (1972). Infant development in lower class American families. *Human Development, 15*, 112-127.

LIN, N. et DEAN, A. (1984). Social support and depression: A panel study. *Social Psychiatry, 19*, 83-91.

LINN, P.L. et HOROWITZ, F.D. (1983). The relationship between infant individual differences and mother-infant interaction during the neonatal period. *Infant Behavior and Development, 6*, 415-427.

LIPS, H.M. (1985). A longitudinal study of the reporting of emotional and somatic symptoms during and after pregnancy. *Social Science and Medicine, 21*(6), 631-640.

LONGSTRETH, L.E., DAVIS, B., CARTER, L., FLINT, D., OWEN, Y., RICKERT, M. et TAYLOR, E. (1981). Separation of home intellectual environment and maternal I.Q. as determinants of child I.Q. *Developmental Psychology, 17*, 532-541.

LUTHAR, S.S. et ZIGLER, E. (1991). Vulnerability and competence: A review of research on resilience. *Childhood. American Journal of Orthopsychiatry., 61*(1), 6-22.

LYONS-RUTH, K., CONNELL, D.B. et GRUNEBAUM, H.V. (1990). Infants at social risk: Maternal depression and family support services as mediators of infant development and security of attachment. *Child Development, 61*, 85-98.

LYONS-RUTH, K., ZOLL, D., CONNELL, D. et GRUNEBAUM, H.U. (1986). The depressed mother and her one-year-old infant: Environment, interaction, attachment and infant development. In E.Z. Tronick et T. Field (Ed.), *Maternal Depression and Infant Disturbance. New Directions for Child Development, 34.* San Francisco: Jossey-Bass.

MACPHEE, D. (1981). *Knowledge of Infant Development Inventory: Human Development and Family Studies.* Colorado State University.

MacPhee, D. (1983). What do ratings of infant temperament really measure ? Communication présentée au congrès de la Society for Research in Child Development, Detroit.

MacPhee, D., Ramey, C.T. et Yeates, K.O. (1984). Home environment and early cognitive development : Implications for intervention. In Gottfried, A.W. (Ed.), *Home Environment and Early Cognitive Development.* London : Academic Press.

Marjoribanks, K. (1981). Birth order and family learning environments. *Psychological Reports, 49,* 915-919.

Masten, A.S. et Coatsworth, J.D. (1995). Competence, resilience and psychopathology. In D. Cicchetti et D.J. Cohen (Ed.), *Developmental Psychopathology, Volume 2 : Risk, Disorder, and Adaptation.* New-York : J. Wiley & Sons, 715-752.

Masten, A.S. et Garmezy, N. (1985). Risk, vulnerability, and protective factors in developmental psychopathology. In B.B. Lahey et A.E. Kazdin (Ed.), *Advances in Clinical Child Psychology, Vol. 8.* New York : Plenum Press, 1-52.

Mayer-Renaud, M. (1990). *Les enfants négligés sur le territoire du CSSMM. Leurs caractéristiques personnelles, familiales et sociales, vol. 2,* Montréal, Centre des Services Sociaux du Montréal métropolitain.

Maziade, M., Caperaa, Ph., Boudreault, M., Côté, R. et Thivierge, J. (1983). Infant temperament and its measurement in a large scale population based sample in Quebec. Communication présentée au congrès de l'American Psychiatric Association, New York.

McDonough, S.C. (1985). Intervention programs for adolescent mothers and their offspring. In M. Frank (Ed.), *Infant Intervention Programs. Truths and Untruths.* New York : Haworth Press.

McGoldrick, M. (1982). Ethnicity and Therapy : An Overview. In M. Goldrick, Pearce, J.K. et Giodano, J. (Ed.), *Ethnicity and Family Therapy.* New York : Guilford Press.

McGoldrick, M. et Carter, E. (1982). The Family Life Cycle. In F. Walsh (Ed.), *Normal Family Processes.* New York : Guilford Press.

Menaghan, E.G. (1990). Social stress and individual distress. *Research in Community and Mental Health, 6,* 107-141.

MILLER, N.B., COWAN, P.A., COWAN, C.P., HETHERINGTON, E.M. et CLINGEMPEEL, W.G. (1993). Externalizing in preschoolers and early adolescence: A cross-study replication of a family model. *Developmental Psychology, 29*, 3-18.

MINISTÈRE DE LA SANTÉ ET DES SERVICES SOCIAUX (1989). *La périnatalité au Québec. 2. Adolescence et fertilité: Une responsabilité personnelle et sociale.* Québec: Éditeur officiel du Québec.

MIREAULT, G., DRAPEAU, S., FAFARD, A., LAPOINTE, J. et CLOUTIER, R. (1991). *Évaluation d'un programme d'intervention auprès d'enfants de parents séparés: le projet EntramiS.* Rapport de recherche, Québec, Département de santé communautaire de l'Hôpital de l'Enfant-Jésus.

MITCHELL, R.E. et MOOS, R.H. (1984). Deficiencies in social support among depressed patients: Antecedents or consequences of stress. *Journal of Health and Social Behavior, 25*, 438-452.

MONROE, S.M., BROMENT, E.J., CONNELL, M.M. et STEINER, S.C. (1986). Social support, life events, and depressive symptoms: A 1-year prospective study. *Journal of Consulting and Clinical Psychology, 54*(4), 424-431.

MORIN-GONTHIER, M., VEILLE, J.C., BERNARD, G. et BIELMANN, P. (1982). La grossesse chez l'adolescente: une grossesse à risque? *Union médicale du Canada, 111*, 334-341.

MURPHY, J.M., OLIVIER, D.C., MANSON, R.R., SOBOL, A.M. et LEIGHTON, A.H. (1988). Incidence of depression and anxiety: The Stirling County study. *American Journal of Public Health, 78*(5), 534-540.

MUSICK, J.S. (1993). *Poor, Hungry and Pregnant: The Psychology of High-Risk Adolescence.* New Haven, CT: Yale University Press.

MUSICK, J.S., BERNSTEIN, V., PERCANSKY, C. et STOTT, F.M. (1987). A chain of enablement: Using community-based programs to strengthen relationships between teen parents and their infants. *Zero to Three, VIII*(2), 1-6.

NOCK, S.L. et KINGSTON, P.W. (1988). Time with children: The impact of couples' work-time commitments. *Social Forces, 67*, 59-85.

NOELTING, G. *et al.* (1982). *Le développement cognitif et le mécanisme de l'équilibration.* Chicoutimi: Gaëtan Morin Éditeur.

NORBECK, J.S. et ANDERSON, N.J. (1989). Life stress, social support, and anxiety in mid- and late-pregnancy among low income women. *Research in Nursing and Health, 12,* 281-287.

O'HARA, M.W. (1986). Social support, life events and depression during pregnancy and the puerperium. *Archives of General Psychiatry, 43,* 569-573.

O'HARA, M.W., NEUNABER, D.J. et ZEKOSKI, E.M. (1984). Prospective study of post-partum depression : Prevalence, course and predictive factors. *Journal of Abnormal Psychology, 93*(2), 158-171.

O'HARA, M.W., ZEKOSKI, E.M., PHILIPPS, L.H. et WRIGHT, E.J. (1990). Controlled prospective study of postpartum mood disorders : Comparison of childbearing and nonchildbearing women. *Journal of Abnormal Psychology, 99*(1), 3-15.

OLSON, D.H. *et al.* (1983). *Families, What Makes Them Work.* Beverley Hills : Sage.

ORTH-GOMÉR, K. et UNDÉN, A.-L. (1987). The measurement of social support in population surveys. *Social Sciences and Medicine, 24,* 83-94.

OSOFSKY, J.D., HANN, D.M. et PEEBLES, C. (1993). Adolescent parenthood : Risks and opportunities for mothers and infants. In C.H. Zeanah, Jr. (Ed.), *Handbook of Infant Mental Health.* New York : Guilford Press, 106-119.

OSOFSKY, J.D., OSOFSKY, H.J. et DIAMOND, M.D. (1988). The transition to parenthood : Special tasks and risk factors for adolescent parents. In G.Y. Michaels et W.A. Goldberg (Ed.), *The Transition to Parenthood. Current Theory and Research.* Cambridge : Cambridge University Press.

PAILHUS, E. (1990). *Enfants à risque.* Paris : Fleurus.

PALACIO-QUINTIN, E. (1985). Note sur l'usage clinique du WPPSI. *Psychologie canadienne, 26*(3), 214-218.

PALACIO-QUINTIN, E. (1989a). Fiche des données socio-démographiques. In E. Palacio-Quintin et C. Lacharité, *Variables de l'environnement familial qui affectent le développement intellectuel des enfants de milieu socio-économique faible.* Rapport de recherche au Conseil québécois de la recherche sociale, 103-105.

PALACIO-QUINTIN, E. (1989b). Version en francais du HOME préscolaire. In E. Palacio-Quintin et C. Lacharité, *Variables de l'environnement familial qui affectent le développement intellectuel des enfants de milieu socio-économique faible.* Rapport de recherche au Conseil québécois de la recherche sociale, 107-113.

PALACIO-QUINTIN, E. (1990) Diagnostic psychologique et différences culturelles ou socio-économiques. Discussion portant sur trois instruments de mesure. In OMS et UNESCO, *La santé mère-enfant.* Paris, 277-284.

PALACIO-QUINTIN, E. (1992). *Test M.A.M.E. Maturité pour l'apprentissage des mathématiques élémentaires.* Montréal : Institut de recherches psychologiques inc.

PALACIO-QUINTIN, E. (1995). Les différences de développement cognitif entre enfants de milieux socio-économiques différents et les facteurs associés à ce phénomène. In J. Lautrey (Ed.), *Universel et différentiel en psychologie.* Paris : Presses universitaires de France, 305-325.

PALACIO-QUINTIN, E. et JOURDAN-IONESCU, C. (1991). Les enfants de quatre ans : la mesure du Home et du QI en fonction du niveau socio-économique et culturel. *Enfance, 45*(1-2), 99-110.

PALACIO-QUINTIN, E. et LAVOIE, T. (1989). Questionnaire sur la structuration éducative parentale. Version préscolaire (QSEP). In E. Palacio-Quintin et C. Lacharité, *Variables de l'environnement familial qui affectent le développement intellectuel des enfants de milieu socio-économique faible.* Rapport de recherche au Conseil québecois de la recherche sociale, 114-121.

PAYKEL, E.S., EMMS, E.M., FLETCHER, J. et RASSABY, E.S. (1980). Life events and social support in puerperial depression. *British Journal of Psychiatry, 114,* 1325-1335.

PAYNE, R.L. et JONES, G.L. (1987). Measurement and methodological issues in social support. In S.V. Kasl et Cooper, C.L. (Ed.), *Stress and Health : Issues in Research Methodology.* New York : J. Wiley & Sons.

PEARLIN, L.I. et TURNER, H.A. (1987). The family as a context of the stress process. In S.V. Kasl et Cooper, C.L. (Ed.), *Stress and Health : Issues in Research Methodology.* New York : J. Wiley & Sons.

PEDRO-CARROLL, J.L. (1985). *The Children of Divorce Intervention Program : Procedures Manual.* Rochester, New York.

PEDRO-CARROLL, J.L. (1990). *New Advances in Preventive Intervention for Children of Divorce.* Conférence présentée au Congrès annuel de l'American Psychological Association.

PEDRO-CARROLL, J.L. et COWEN, E.L. (1985). The children of divorce intervention program. *Journal of Consulting and Clinical Psychology, 53,* 603-611.

PEDRO-CARROLL, J.L., COWEN, E.L. HIGHTOWER, A.D. et GUARE, J.C. (1986). Preventive intervention with latency-aged children of divorce: A replication study. *American Journal of Community Psychology, 14,* 277-290.

PETERSON, C., SRIPADA, B. et BARGLOW, P. (1982). Psychiatric aspect of adolescent pregnancy. *Psychosomatics, 23,* 723-733.

PFOST, K.S., STEVENS, M.J. et LUM, C.U. (1990). The relationship of demographic variable, antepartum depression and stress to postpartum depression. *Journal of Clinical Psychology, 46,* 588-592.

PHILIPP, L.H.C. et O'HARA, M.W. (1991). Prospective study of postpartum depression: 4½ years follow-up of women and children. *Journal of Abnormal Psychology, 100,* 151-155.

PHINNEY, J.S. et FESHBACH, N.D. (1981). Non-directive and intrusive teaching styles of middle and working-class English mothers. *British Journal of Educational Psychology, 50(2-9),* 101-113.

PHIPPS-YONAS, S. (1980). Teenage pregnancy and motherhood: A review of the literature. *American Journal of Orthopsychiatry, 50,* 403-431.

PIAGET, J. (1947). *La psychologie de l'intelligence.* Paris: A. Colin.

PIAGET, J. (1974). *Réussir et comprendre.* Paris: Presses universitaires de France.

PIAGET, J. (1975). *L'équilibration, problème central du développement.* (Études d'épistémologie génétique, vol. 33) Paris: Presses universitaires de France.

PIAGET, J., APOSTEL, L., GRIZE, J.B. et PAPERT, S. (1963). *La filiation des structures.* (Études d'épistémologie génétique, vol. 15) Paris: Presses universitaires de France.

PITT, B. (1968). "Atypical" depression following childbirth. *British Journal of Psychiatry, 114,* 1325-1335.

POMERLEAU, A., MALCUIT, G. et JULIEN, M. (1992). *Contextes de vie familiale au cours de la petite enfance.* Présenté au Symposium québécois sur l'enfance et la famille, Québec.

POMERLEAU, A., MALCUIT, G. et JULIEN, M. (1996). Contextes de vie familiale au cours de la petite enfance. In G. M. Tarabulsy et R. Tessier (Ed.), *Collection d'Enfance, Vol. 4: Enfance et famille: Contextes et développement.* Sainte-Foy: Presses de l'Université du Québec.

POWELL, S.S. et DROTAR, D. (1992). Postpartum depressed mood. The impact of daily hassles, *Journal of Psychosomatic Obstetric and Gynaecology, 13,* 255-266.

PRÉVOST, M.-J., BEAUDRY, M., BOISVERT, J.-M., PERREAULT, M., TURCOTTE, M. et JULIEN, M. (1989). *Séparaction: Manuel des intervenantes.* Montréal, Département de Santé Communautaire de l'Hôpital Charles-Lemoyne.

RAMEY, C.T. et FINKELSTEIN, N.W. (1981). Psychosocial mental retardation: A biological and social coalescence. In M. Begab, H. Garber et H.C. Haywood (Ed.), *Causes and Prevention of Retarded Development in Psychosocially Disadvantaged Children.* Baltimore: University Park Press.

RAVEN, J.C. (1962). *Advanced Progressive Matrices.* London: H.K. Lewis.

REIS, J.S. et HERZ, E.J. (1987). Correlates of adolescent parenting. *Adolescence, XXII,* 599-609.

REUCHLIN, M. (1989). *Les différences individuelles dans le développement cognitif de l'enfant.* Paris: Presses universitaires de France.

RICHTER, L.M. et GRIEVE, K.M. (1991). Home environment and cognitive development of black infants in impoverished South African families. *Infant Mental Health Journal, 12,* 88-102.

ROBERTS, G.C., BLOCK, J.H. et BLOCK, J. (1984). Continuity and change in child-rearing practices. *Child Development, 55,* 586-597.

ROLF, J., MASTEN, A.S., CICHETTI, D., NUECHTERLEIN, K.H. et WEINTRAUB, S. (Ed.) (1990). *Risk and Protective Factors in the Development of Psychopathology.* Cambridge: Cambridge University Press.

ROSSETTI, L.M. (1986). *High-Risk Infants: Identification, Assesment and Intervention.* Boston: Little, Brown.

ROTH, K., EISENBERG, N. et SELL, E.R. (1984). The relation of preterm and full-term infants' temperament to test-taking behaviors and developmental status. *Infant Behavior and Development, 7*, 495-505.

ROY, S. et PALACIO-QUINTIN, E. (1984). *Décalages dans l'accession à la notion de conservation : rôle du facteur niveau socio-économique.* Communication présentée au Congrès de la Société québecoise de recherche en psychologie, Montréal, QC.

RUTTER, M. (1985). Resilience in the face of adversity : Protective factors and resistance to psychiatric disorder. *British Journal of Psychiatry, 147*, 598-611.

RUTTER, M. (1987). Psychosocial resilience and protective mechanisms. *American Journal of Orthopsychiatry, 57*, 316-331.

RUTTER, M. (Ed.) (1988). *Studies of Psychosocial Risk : The Power of Longitudinal Data.* Cambridge : Cambridge University Press.

RUTTER, M. et CASAER, P.J.M. (Ed.) (1991). *Biological Risk Factors for Psychosocial Disorders.* Cambridge : Cambridge University Press.

RUTTER, M., QUINTON, D. et HILL, J. (1990). Adult outcome of institution reared children. In L. Robins et M. Rutter (Ed.), *Straight and Devious Pathways from Childhood to Adulthood.* Cambridge : Cambridge University Press.

SAMEROFF, A.J. (1975). Early influences on development : Fact or fancy ? *Merrill-Palmer Quarterly of Behavior and Development, 21*, 267-294.

SAMEROFF, A.J., SEIFER, R. et EILAS, P.K. (1982). Socio-cultural variability in infant temperament ratings. *Child Development, 53*, 164-173.

SCARR, S. (1981). *Race, Social Class and Individual Differences in I.Q.* Hillsdale, NJ : Lawrence Erlbaum Ass.

SCHINKE, S.P., BARTH, R.P., GICCHRIST, L.D. et MAXWELL, J.S. (1986). Adolescent mothers, stress and prevention. *Journal of Human Stress*, hiver, 162-167.

SCHINN, M. (1978). Father absence and children's cognitive development. *Psychological Bulletin, 85*, 295-324.

SCOTT, J. et ALWIN, D.F. (1989). Gender differences in parental strain : Parental role or gender role ? *Journal of Family Issues, 10*, 482-503.

SÉGUIN, L. (1983). Nouveaux problèmes de santé des enfants : rôle des Centres et Départements de Santé Communautaire. *Union médicale du Canada, 112,* 168-172.

SILVERSTEIN, L.B. (1991). Transforming the debate about child care and maternal employment. *American Psychologist, 46,* 1025-1032.

SMOLLA, N., TESSIER, R., PICHÉ, C., FILION, L. et BOUTIN, C. (1992). The arrival of a first child : A stressful event ? *Family Relations.*

SROUFE, L.A., EGELAND, B. et KREUTZER, T. (1990). The fate of early experience following developmental change : Longitudinal approaches to individual adaptation in childhood. *Child Development, 61,* 1363-1373.

STEER, R.A., SCHOLL, T.O., HEDIGGER, M.L. et FISHER, R.C. (1992). Self-reported depression and negative pregnancy outcomes. *Journal of Clinical Epidemiology, 45,* 1093-1099.

STEIN, A., COOPER, P.J., CAMPBELL, E.A., DAY, A. et ALTHAMN, P.M.E. (1989). Social adversity and perinatal complications : Their relation to postnatal depression. *Birth Medical Journal, 298,* 1073-1074.

STERN, G. et KRUCKMAN, L. (1983). Multi-disciplinary perspectives on postpartum depression : An anthropological critique. *Social Sciences and Medicine, 17,* 1027-1041.

STEVENS, J.H. Jr. (1988). Social support, locus of control, and parenting in three low-income groups of mothers : Black teenagers, black adults, and white adults. *Child Development, 59,* 635-642.

STEVENSON, M.B. et ROACH, M.A. (1987). Adolescent and single mothers' interactions with their 4-month-olds : Analysis of behavior frequencies and contingencies. Communication présentée au 12e congrès de la Society for Research in Child Development, Baltimore.

STOLBERG, A.L., CULLEN, P.M., GARRISON, K.M. et BROPHY, C.J. (1981). *Divorce Adjustment Project Children's Support Groups : A Procedures Manual.* Manuscrit non publié, Divorce Adjustment Project, Virginia Commonwealth University, Richmond, Virginie.

TESSIER, R. (1993). Dimensions écologiques de la famille. La situation sociale des enfants. Communication présentée au 24e Congrès interaméricain de psychologie, Santiago, Chili.

TURNER, R.J. et NOH, S. (1983). Class and psychological vulnerability among women : The significance of social support and personal control. *Journal of Health and Social Behavior, 24,* 2-15.

UNTERMAN, R.R., POSNER, N.A. et WILLIAMS, K.N. (1990). Postpartum depressive disorders: Changing trends. *Birth, 17*(3), 131-137.

VAN CLEVE, S.N. et SADLER, L.S. (1990). Adolescent parents and toddlers: Strategies for intervention. *Public Health Nursing, 7*, 22-27.

VENTURA, J.N. et STEVENSON, M.B. (1986). Relations of mothers' and fathers' reports of infant temperament, parents' psychological functioning, and family characteristics. *Merrill-Palmer Quarterly, 32*, 275-289.

WACHS, T.D. (1979). Proximal experience and early cognitive-intellectual development: The physical environment. *Merrill-Palmer Quarterly, 25*, 3-41.

WACHS, T.D. (1991). Environmental considerations in studies with non-extreme groups. In T.D. Wachs et R. Plomin (Ed.), *Conceptualization and Measurement of Organism-Environment Interaction*. Washington, DC: American Psychological Association, 44-67.

WACHS, T.D. et GRUEN, G. (1982). *Early Experience and Human Development*. New York: Plenum.

WADHWA, P.D., SANDMAN, C.A., PARTO, M., DUNKEL-SCHETTER, C. et GARITE, T.J. (1993). The association between prenatal stress and infant birthweight and gestational age of birth: A prospective investigation. *American Journal of Obstetric and Gynecology, 169*, 858-865.

WALLERSTEIN, J.D. (1983). Children of divorce: Stress and developmental tasks. In N. Garmezy et M. Rutter (Ed.), *Stress, Coping and Development in Children*, New York: McGraw Hill, 265-302.

WARD, M.J., PLUNKET, S.W., WARD, J.M., OLTHOFF, D. et KESSLER, D.B. (1987). Adolescent mothers' relationships with their infants: Role of mother and infant characteristics. Communication présentée au 12e congrès de la Society for Research in Child Development, Baltimore.

WECHSLER, D. (1967). *Échelle d'intelligence préscolaire et primaire de Wechsler pour enfants*. Montréal: Institut de recherches psychologiques inc.

WEI, T.T., LAVATELLI, C.B. et JONES, R.S. (1971). Piaget's concept of classification: A comparative study of socially disadvantaged and middle class young children, *Child Development, 42*, 919-927.

WEINRAUB, M. et WOLF, B. (1987). Stress, social support and parent-child interactions: Similarities and differences in single-parent and two-parent families. In C.F.Z. Boukydis (Ed.), *Research on Support for Parents and Infants in the Postnatal Period*. Norwood, NJ: Ablex.

WERNER, E.E. (1989). High-risk children in young adulthood: A longitudinal study from birth to 32 years. *American Journal of Orthopsychiatry, 59*, 72-81.

WERNER, E.E. (1993). Risk, resilience and recovery: Perspectives from the Kauai Longitudinal Study. *Development and Psychopathology, 5*, 503-515.

WERNER, E.E. et SMITH, R.S. (1982). *Vulnerable But Invincible: A Study of Resilient Children*. San Francisco: McGraw-Hill.

WHIFFEN, V.E. (1988). Vulnerability to post-partum depression: A prospective multivariate Study. *Journal of Abnormal Psychology, 97*(4), 467-474.

WHIFFEN, V.E. (1988b). Screening for postpartum depression: A methodological note. *Journal of Clinical Psychology, 44*(3), 367-371.

WHIFFEN, V.E. et GOTLIB, I.H. (1989). Infants of post-partum depressed mothers: temperament and cognitive status. *Journal of Abnormal Psychology, 98*(3), 274-279.

WILKINS, J., ONETTO, N. et FRAPPIER, J.Y. (1981). La sexualité à l'adolescence. *Union médicale du Canada, 3*, 186-189.

WILLIS, D. et PISHKIN, V. (1974). Perceptual motor performance on the Vane and Bender tests as related to two socio-economic classes and ages. *Perceptual and Motor Skills, 38*(3), 883-890.

WOLFISH, M.G. (1984). Teenage pregnancy. *Canadian Family Physician, 30*, 903-907.

YEATES, K.G., MCPHEE, D., CAMPBELL, F.A. et RAMEY, C.T. (1983). Maternal I.Q. and home environment as determinants of early childhood intellectual competence: A developmental analysis. *Developmental Psychology, 19*, 731-739.

ZARLING, C.L., HIRSCH, B.J. et LANDRY, S. (1988). Maternal social networks and mother-infant interactions in full-term and very low birthweight, preterm infants. *Child Development, 59*, 178-185.

INDEX

MEMBRE DE SCABRINI MEDIA
Québec, Canada
2005